LES COUVERTURES SUPERIEURES ET INFERIEURES SONT EN COULEUR

ÉTUDES DE PHILOSOPHIE NATURELLE
3me SÉRIE : N° 1

IDENTITÉ
DU
SUBJECTIF ET DE L'OBJECTIF

PAR

J.-ÉMILE FILACHOU

Docteur ès-Lettres.

> Tout analyseur est polariseur,
> Tout polariseur est analyseur.
> OPTIQUE.

MONTPELLIER
Félix SEGUIN, Libraire-Éditeur
Rue Argenterie, 23.

PARIS
DURAND & PEDONE-LAURIEL
Rue Cujas, 9.

1877

Suite des Ouvrages du même Auteur

N° 6. Sens et rationalité du dogme eucharistique. 1 vol. in-12. 1872.

N° 7. Démonstration psychologique et expérimentale de l'existence de Dieu. 1 vol. in-12. 1873.

N° 8. De l'ordre et du mode de décomposition de la lumière par les bords minces. 1 vol. in-12.

N° 9. Le système du monde en quatre mots. 1 vol. in-12.

N° 10. Classification raisonnée des Sciences naturelles. 1 vol. in-12.

2ᵉ SÉRIE : N° 1. La mécanique de l'esprit conforme aux principes de la classification rationnelle. 1 vol. in-12.

N° 2. Organisation et unification des sciences naturelles. 1 vol. in-12.

N° 3. L'Histoire naturelle éclairée par la théorie des axes (avec planche). 1 vol. in-12.

N° 4. La mécanique de l'esprit par la trigonométrie. 1 vol. in-12.

N° 5. La Classification rationnelle et le Calcul infinitésimal. 1 vol. in-12.

N° 6. La Classification rationnelle et la Phénoménologie transcendante (avec planche). 1 vol. in-12.

N° 7. La Classification rationnelle et la Géologie (avec planche). 1 vol. in-12.

N° 8. La Classification rationnelle et la Pragmatologie psychologique. 1 vol. in-12.

N° 9. La Classification rationnelle et la Pneumatologie mécanique. 1 vol. in-12.

N° 10. Éléments de Psychologie mathématique. 1 vol. in-12.

Montpellier. — Typogr. BOEHM et FILS.

ÉTUDES DE PHILOSOPHIE NATURELLE

3ᵐᵉ Série : Nº 1

IDENTITÉ

DU

SUBJECTIF ET DE L'OBJECTIF

POUR PARAITRE SUCCESSIVEMENT :

N° 2. Le vrai système général de l'Univers. 1 vol. in-12.

N° 3. Origine des Météorites et autres corps célestes. 1 vol. in-12.

N° 4. Sources naturelles du surnaturel (avec planche). 1 vol. in-12.

N° 5. Prodrome de Chimie rationnelle. 1 vol. in-12.

N° 6. Du premier instant dans la série des êtres et des événements. 1 vol. in-12.

N° 7. Fins et moyens de Cosmologie rationnelle. 1 vol. in-12.

Montpellier. — Typ. BOEHM et FILS.

ÉTUDES DE PHILOSOPHIE NATURELLE
3me SÉRIE : No 1

IDENTITÉ

DU

SUBJECTIF ET DE L'OBJECTIF

PAR

J.-ÉMILE FILACHOU

Docteur ès-Lettres.

> Tout analyseur est polariseur,
> Tout polariseur est analyseur.
> OPTIQUE.

MONTPELLIER
Félix SEGUIN, Libraire-Éditeur
Rue Argenterie, 25.

PARIS
DURAND & PEDONE-LAURIEL
Rue Cujas, 9.

1877

AVANT-PROPOS

Dans notre dernière publication (2ᵉ série, nᵒ 10), nous avons brièvement démontré la thèse que nous venons ici soutenir; mais, là, nous l'avons démontrée plutôt comme une vérité de raison que comme une vérité d'intuition, et nous voulons essayer aujourd'hui de la démontrer précisément sous cette dernière forme. Ce plan demande que, divisant l'*Absolu* radical en *Objectif* et *Subjectif* (quelles qu'en soient toutes les autres déterminations par *genres*, *espèces* ou *individualités*), nous montrions ces deux faces parallèles *objective* et *subjective* incessamment développées proportionnellement, de manière à se correspondre toujours, et même à se retrouver, au sens près, l'une dans l'autre. Mais en vain nous voudrions en offrir d'avance un résumé qui pût servir de guide au lecteur en cette affaire. Un pareil travail ne peut pas plus se résumer qu'un cabinet d'histoire naturelle ou qu'un récit de voyage. Partant de l'idée de l'Absolu, nous en détachons comme deux bras (sensiblement très-inégaux d'ailleurs, puisqu'ils sont entre eux comme *intensité* et *extension, chimie* et *physique*), lesquels, se ramifiant ensuite à l'instar des divisions d'un grand fleuve, doivent finalement se rejoindre pour reproduire l'unité radicale seulement agrandie. Est-ce que, maintenant, en poursuivant ce développement, nous n'aurions point négligé par hasard, chemin faisant, quelque ramification indispensable au coup d'œil général? Nous avons dû certainement nous tenir en garde contre un pareil oubli; mais le lecteur doit être lui-même attentif à surveiller l'intégralité de nos divisions et reconstitutions, s'il veut pouvoir à la fin retirer de sa lecture la même conviction qui nous porte à l'y provoquer, dans l'espoir que, en la partageant, il en retirera le même avantage.

L'intérêt inspiré par cet écrit dépendra surtout de la manière dont on saisira les distinctions du § 3, et comprendra que les deux termes d'une contradiction ne sont jamais *réellement* incompatibles sans être *imaginairement* alliables, ou réciproquement, et que, d'ailleurs, au moment même où leur enlèvement *simultané* s'opère, leur *successive* évolution a lieu; c'est pourquoi l'équilibre et le mouvement, et par suite l'*identité du Subjectif et de l'Objectif*, ne peuvent jamais faire défaut. Comme construit tout à fait en dehors et sur l'exclusion même de ces idées, l'essai de *psycho-physique* de Fechner a dû rester (de l'aveu même de l'Auteur) à l'état d'essai par manque de *certitude* et de *complétement*, deux résultats négatifs trop graves pour ne pas nous porter à tenter une autre voie.

Nous n'avons pas plus trouvé dans cet Auteur, qu'en Herbart, une définition nette et précise du *Subjectif* et de l'*Objectif*. Voulant suppléer à ce silence, nous dirons ici que, à nos yeux, le Subjectif est ce qui, dans la proposition logique, se rattache au Sujet comme *principe* d'action ou de représentation, et que l'Objectif est, dans le même cas, tout ce qui se rattache à l'Objet comme *terme* de notion ou d'acte. Par où l'on voit qu'en réalité le Subjectif et l'Objectif ne peuvent ou ne doivent différer l'un de l'autre que par les points de vue *relatifs* de *principe* et de *terme*, non par l'*absolu* simultanément alors *objet* et *sujet* de relation.

IDENTITÉ

DU

SUBJECTIF ET DE L'OBJECTIF

1. Si, prenant trop à la lettre le titre de cet écrit, on s'imaginait que notre but est ici, quand nous affirmons l'identité du Subjectif et de l'Objectif, d'en nier du même coup la distinction réelle, on se méprendrait étrangement sur sa portée. Nous admettons pleinement en principe la distinction entre le Subjectif et l'Objectif; mais nous voulons en même temps que, nonobstant cette distinction réelle, l'un et l'autre soient absolument ou foncièrement identiques ; et par conséquent, concédant la distinction de *fait*, nous requérons l'identité de *fond*, à peu près

comme on dit du *masculin* et du *féminin* qu'ils sont à la fois deux en *espèce* et un en *genre*.

La distinction entre le Subjectif et l'Objectif est bien une distinction radicale, mais elle n'est point assez radicale pour en exclure ou prévenir l'identité plus hâtive encore, et même prépondérante, qu'on conçoit exister entre deux *espèces* coordonnées sous un *genre* commun.

D'abord, l'idée *générale* de l'être est celle d'activité : dans ce sens, tous les êtres sont des *Activités-absolues*. Néanmoins, tous les êtres se différencient entre eux par certains caractères relatifs, ou mieux (comme allant de chacun à chacun) corrélatifs ; et, dans ce sens, tous les êtres sont des *Absolus-relatifs*.

Maintenant, tous les êtres qualifiés d'absolus-relatifs, se déterminant ou se différenciant par relation, apparaissent *uns*, ou *convenants*, ou *conformes*, et peuvent par là même encore être qualifiés, ou d'*identifiables*, ou d'*alliables*, ou de *semblables* ; c'est pourquoi les notes d'*identité*, d'*alliance* ou de *somme* (*masse*) en constituent désormais les caractères respectifs. En effet, habituellement, on *identifie* les êtres radicalement uns et distincts tout à la fois ; on *allie* seulement ceux qui sont radicalement uns et secondairement distincts ; et l'on *somme* au contraire exclusivement ceux qui sont radicalement distincts et secondairement uns. Les êtres radicalement uns et distincts sont *racines* ; les êtres radicalement uns et secondairement distincts sont *facteurs* ; les êtres radicalement distincts et secondairement uns sont *termes*. Les racines forment, en se composant, des *puissances* ; les facteurs forment, en se multipliant, des *produits* ; et les termes forment, en se sommant, des *quantités*.

L'identité consiste en relations réciproques d'*Imaginaire-réel* à *Réel-imaginaire*, et présente le caractère d'*infinitésimalité*. L'*alliance* consiste en relation analogue d'*Irrationnel-réel* à *Réel-irrationnel*, et communique aux êtres corrélatifs la note d'*indéfinis*. La *sommation* consiste en relation statique de *Rationnel-réel* à *Réel-rationnel*, et réalise ainsi des Touts toujours *finis*. Les meilleurs exemples que nous puissions proposer de ces trois sortes de relations ou d'unions sont les trois sortes de mariages, *spirituel* ou religieux, *formel* ou civil, *naturel* ou physique. Le mariage *spirituel* ou religieux, exclusivement contracté d'esprit à esprit, est un mariage d'*identité* radicale, incommensurablement supérieur à tout fait analogue d'union par *alliance* ou *sommation*, puisqu'il remonte à l'Amour désintéressé, parfait, inconditionnel, seul capable d'*anéantir* chacun des conjoints au *profit* de l'autre, de sorte qu'ils sont, chacun, *imaginaire* ou *réel*, en face de l'autre, inversement *réel* ou *imaginaire* à son tour. Le mariage *formel* ou civil, contracté devant supérieur et témoins, est une sorte de législation du précédent mariage spirituel toujours présupposé, dont les premiers effets commencent ainsi distinctement à s'accuser par la mutuelle *alliance* des conjoints en corps et biens ; mais, puisque ce nouveau mariage a seulement pour objet de porter devant le for extérieur un acte déjà préalablement accompli par hypothèse dans le for intérieur, au lieu d'en constituer la valeur, il en hérite seulement, et peut tout au plus s'attribuer en propre le mérite infiniment subordonné de la forme. Cependant, relativement au dehors, ce mérite restreint n'est point à dédaigner, car il a d'abord le précieux avantage (en étendant, par la mutuelle cession de droits entre conjoints, leurs idées au-delà du présent) de les revêtir, chacun, d'une espèce d'atmosphère lumineuse, constituée cette fois par simple reflet si l'on veut, mais ne laissant pas d'en agrandir sensiblement le champ; et puis, la concession de droits perpétuels réalise une base permanente dont il est bien permis à chaque conjoint de jouir indéfiniment et sans interruption, et qui, par conséquent, est aussi bien capable de communiquer à leur second mode d'union une *constance* morale physiquement impossible dans le mariage *naturel* encore réalisable, mais bien différent des deux précédents. Ce dernier mariage n'est, en effet, rien moins que la consommation charnelle des deux autres : l'acte en est donc essentiellement limité dans le temps ou transitoire, ainsi qu'essentiellement limité dans l'espace ou local, et comme alors toujours compris entre des limites de temps et de lieu, toujours fini. Les trois mariages *spirituel*, *formel* et *naturel*, sont donc réellement entre eux comme l'*infinitésimal*, l'*indéfini* et le *fini*.

2. Puisque les êtres se laissent ainsi caractériser et différencier entre eux comme respectivement *identifiables*, *alliables* ou *sommables*, ils changent nécessairement de qualité suivant les circonstances ou varient suivant les relations : quelle est alors la raison d'être, ou mieux, quels sont le fondement et le point de départ de cette variation qualitative d'exercice habituel ou d'états ? Le fondement ou le point de départ de ces changements est justement la distinction du Subjectif et de l'Objectif, dont nous nous sommes proposé de démontrer ici l'identité *radicale*.

En principe, l'être, l'être vrai, l'être *personnel* est l'*identité du Sujet et de l'Objet* ; et dans cette définition, comme on voit, la distinction accompagne l'identité. Mais comment ces deux choses s'amalgament-elles ? D'abord, elles se posent à part et n'ont rien de commun ensemble ; puis, elles se posent ensemble ou se *somment* ; ensuite, elles se compliquent ou *s'allient* ; et enfin elles se confondent ou *s'identifient*. Nous suivrons ici pas à pas cette série d'états qui nous servira de division ; et par suite nous allons commencer par considérer le Subjectif et l'Objectif en pleine séparation, pour acquérir avant tout la parfaite notion de l'une et de l'autre.

3. L'être réel ou *personnel* étant déjà défini l'*identité* du *Sujet* et de l'*Objet*, et cette définition convenant à la fois à chaque être individuel ainsi qu'à tous les êtres réunis, il est clair que, au point de vue réel ou psychologique, l'*identité* constitutive de l'être personnel est seule le réel, et qu'ainsi les deux termes de *Sujet* et d'*Objet* dans lesquels on la conçoit décomposée, sont une simple fiction de l'Esprit se figurant *imaginairement* double, d'une part, ce qui, d'autre part, est *réellement* un. Pour la pensée, mais pour la pensée seulement, l'être réellement un est donc imaginairement double ; donc les deux notions de Sujet et d'Objet sont d'abord également imaginaires toutes deux. Cela posé, rien ne requiert qu'elles restent constamment, toutes deux, imaginaires à la fois ; car on conçoit parfaitement, par exemple, tantôt que l'être fasse office de Sujet réel en présence d'un Objectif imaginairement représenté en dehors de lui-même comme pos-

sible, tantôt qu'il soit lui-même un Objectif imaginaire flottant devant les yeux d'un autre Sujet réel remplissant à son égard le même office; cette idée complexe de l'être réel nous est, d'ailleurs, déjà démontrée possible, soit par la notion acquise du système d'identité (§ 1), soit par la définition naguère admise de la personnalité réelle. Cependant, de même que tout d'abord, en présence du Subjectif et de l'Objectif distincts et tous deux *imaginaires*, l'être absolu personnel est seul *réel* ; de même, quand il s'agit postérieurement de concevoir, soit le Subjectif, soit l'Objectif, alternativement réalisables ou réalisés, le Subjectif a la priorité de *réel* sur l'Objectif plus longtemps imaginaire. Car on ne conçoit point, par exemple, que jamais l'imaginaire restant imaginaire ait la propriété d'agir sur lui-même pour se convertir en réel, tandis qu'on conçoit très-bien que, de son côté, le Subjectif réel agissant sur lui-même puisse, à bout de certains embarras, se convertir en imaginaire. Une activité personnelle absolue, prenant un aspect relatif sans exclure pour cela la possibilité d'autres personnalités plutôt objectives que subjectives, doit donc être au moins une fois, en elle-même, plutôt subjective qu'objective ; et parce qu'il en est ainsi, des deux notions du Subjectif et de l'Objectif, que nous avons dites devoir être dans un *premier* moment imaginaires à la fois, la première est, dans un *second* moment, plus prompte à se dépouiller de ce caractère que l'autre, et fonctionne ainsi déjà comme réelle, quand la seconde retient son caractère imaginaire primitif. Cette première situation respective des deux notions, n'étant que relative, a des limites, et ne peut dès-lors se réaliser sans appeler à sa suite la réalisation de la situation inverse, dans laquelle le Subjectif, à peine incorporé au réel, s'en dépouille et se *ré-imaginarise* pour permettre à l'Objectif *dés-imaginarisé* d'apparaître réel à son tour ; il arrive donc un *troisième* moment où le Subjectif déjà réalisé redevient imaginaire, et où l'Objectif encore imaginaire devient réel ; et, récapitulant alors cette série d'états irréductibles, nous dirons :

D'abord, l'Absolu seul est réel ; et tout le relatif constitué de Subjectif et d'Objectif est imaginaire.

Ensuite, le Subjectif s'incorporant le premier à l'Absolu devient réel, l'Objectif restant imaginaire.

Enfin, l'Absolu quittant le Subjectif pour l'Objectif, le Subjectif redevient imaginaire et l'Objectif devient réel, jusqu'à ce que, par sa propre ré-imaginarisation, il permette à l'Absolu de se reproduire dans sa simplicité primitive, au cas où, par hypothèse, il ne voudrait ou ne devrait point descendre plus bas. Car l'Absolu décrit jusqu'à cette heure est l'Absolu *spontanément* traduit en Sujet et Objet ; et l'on conçoit une autre classe d'Absolus pour lesquels cette immanente et générale transformation intrinsèque, compliquée de formes ou de grandeurs plus ou moins apparentes, ne comporte plus la même instantanéité de transition d'un genre à l'autre, et réclame par suite, à cette fin, l'intervention d'un secours étranger ou d'un agent supérieur, tel que l'Absolu radical déjà décrit et muni de ses trois genres personnels.

4. Pour comprendre le passage de l'Absolu radical aux Absolus contingents différenciés comme

il vient d'être dit, il est nécessaire d'être préalablement bien fixé sur les états relatifs du premier, en ses divers moments de transformation virtuelle interne.

D'abord, l'Absolu radical ne se perçoit point évidemment comme Absolu mais comme relatif, puisque la perception même est un acte de relation : pour lui, le premier moment est donc celui dans lequel il se perçoit comme sujet identique à l'Absolu (Objectif imaginaire encore). Mais, de suite, cet Objectif absolu que le sujet de tout à l'heure vient de s'approprier, lui échappe et s'érige à son tour en nouveau Sujet terminé par le Sujet précédent qui lui sert à son tour d'Objectif : le second moment est donc celui dans lequel, à côté du second Sujet apparu chez l'absolu radical, il existe un Objectif réel, non plus alors en qualité de simple Objectif, mais en qualité de précédent ou de principe réel à son heure, pour ne plus l'être désormais à son égard. Cependant, autant le premier sujet a dû s'imaginariser devant le second, autant le second doit encore s'imaginariser après sa propre apparition : le premier et le second Sujet sont donc finalement imaginaires à la fois ; et c'est alors que, profitant de leur commune annulation simultanée, l'Absolu s'installe intermédiairement comme troisième Sujet, sans la moindre détermination objective autre que celle d'être exclusivement environné d'imaginaires quand il est réel, ou de réels quand il est imaginaire. Par suite de cette dernière disposition, l'Absolu radical se retrouve équilibré comme il l'était au début de sa triple évolution ; mais, pourtant, la fin n'en est plus le début, et la fin amène avec soi des goûts ou des tendances que le début n'offrait pas. En effet, débutant, on n'a pas de raisons de ne pas suivre la voie la plus naturelle, pour en essayer d'autres moins directes ; mais, quand une fois on a connu par expérience ce qui s'impose naturellement, on peut (si l'on est libre) vouloir tenter de nouvelles voies et modifier son premier exercice pour courir après les aventures et se procurer des jouissances inconnues, ou bien encore chercher à réaliser des fins prévues, soit rationnelles, soit chimériques. Se contentant de parcourir l'ornière naturelle, l'Absolu radical reste absolu dans chacun de ses trois moments consécutifs essentiels ;

mais, dès qu'il veut sortir de cette ornière, étant obligé de se faire pour cela plus ou moins violence, il soustrait naturellement à chacune de ses trois Relations ou Personnalités internes ce qu'il accorde de privilége aux deux autres. Supposons-le doué, comme absolu, du troisième degré de la puissance : aussi distinctes qu'identiques, ses trois personnalités doivent aussi subsister, chacune, au troisième degré de la puissance, et par suite dans la forme d'un cube ou d'une sphère à trois axes égaux et rectangulaires. Mais voulant instituer du nouveau, le même Absolu doit, par exemple, replier l'une de ses trois Personnalités et reporter son activité dans le *plan* des deux autres; et, par ce seul fait, il réduit le nombre des axes de trois à deux; en outre, le troisième axe se change en rayon. Bien plus, si le rayon se fixe et devient une résultante supérieure à chacune des composantes qui l'instituent, ces dernières, obligées de marcher désormais à sa remorque, deviennent équivalemment imaginaires; et la seule Personnalité désormais en fonction prend la forme (explicite ou implicite) de flux essentiellement linéaire ou rectiligne. L'effet produit se réduirait au contraire à zéro si les deux composantes devenaient opposées bout à bout l'une à l'autre. L'Absolu radical, muni de ses trois Personnalités internes, peut donc s'offrir, en définitive, aux quatre états de *solide* à trois axes, de *plan* à deux axes, de *ligne* à un axe, ou d'*imaginaire* à zéro. De là les quatre symboles : 1^3, 1^2, 1^1, 1^0.

5. Dans cette question des rapports entre le *Subjectif* et l'*Objectif*, il importe peu que l'Absolu quelconque, empruntant cette forme relative de manifestation, soit plein ou parfait, comme l'un des grands axes de la sphère, ou réduit et partiel, comme l'un des axes de réfraction conique ; mais il importe au contraire beaucoup de savoir avec une entière détermination quelles *idées* ont jeu dans ces rencontres. On peut se rappeler que, ailleurs (2° série, n° 1, p. 16 et 17), après avoir repris Herbart de calculer en psychologie sans idées, nous avons inversement loué Newton d'avoir, avec un rare bonheur, introduit en astronomie — sous le nom d'attraction, de répulsion et d'impulsion — des données non moins

valables comme idées que comme forces. Ce système d'idées philosophiques, dont ici personne ne semble avoir soupçonné jusqu'à ce jour le besoin ni le rôle, est fourni par les quatre notions, rangées par couple, de *fermentation* et d'*inertie*, de *vitesse* et de *flux*. Là, le nombre de quatre est déterminé d'avance par le même nombre des états correspondants aux formules 1^3, 1^2, 1^1, et 1^0, dont les *idées* doivent reproduire les types respectifs; nous ferons seulement observer qu'elles n'y correspondent pas dans le même ordre. On a pu remarquer déjà que, dans l'énumération précédente des quatre idées ici fondamentales, nous avons cru devoir les disposer par couples. Les deux idées du premier couple, qui sont la *fermentation* et l'*inertie*, correspondent aux deux formules $1^3, 1^0$; les deux idées du second couple, qui sont la *vitesse* et le *flux*, correspondent aux deux formules $1^2, 1^1$. Ainsi, d'abord, de même qu'il y a deux formules extrêmes et deux formules moyennes, il y a deux idées extrêmes et deux idées moyennes. Mais il ne suffit point ici d'indiquer ce parallélisme, nous devons encore le démontrer. Eh bien ! n'est-il pas manifeste que, la *formule* 1³ exprimant l'état potentiel le plus parfait, l'*idée* correspondante à cet état doit être celle d'une Activité telle que, au moment opportun d'agir, elle soit toujours prête et n'ait besoin que d'elle-même pour agir réellement? Or, l'idée de *fermentation* est justement celle d'une pareille Activité toujours en éveil, toujours en l'air, et par conséquent n'attendant que le moment opportun d'intervenir pour intervenir en effet. Donc l'idée de *fermentation* intérieure est bien l'idée fondamentale ou génératrice de tous les actes extérieurs imaginables. Mais, d'un autre côté, supposons toute fermentation évanouie, tout embrasement intérieur éteint : l'être est bien devenu réellement apathique, inerte. L'*inertie* constitue donc l'*idée* justement contraire à la précédente.

Considérons maintenant les deux idées moyennes de *vitesse* et de *flux*. Une vitesse n'est point un simple mouvement, mais un principe de mouvement, une *force vive* inhérente aux mobiles objectifs qu'elle anime, et, sous ce rapport, elle correspond donc à la formule 1². Au contraire, le *flux*, qui n'est pas autre chose que la quantité de mouvement en jeu dans chaque instant de la durée, n'anime rien; il est un simple fait, tantôt constant comme la résultante de deux composantes aussi constantes, et tantôt variable comme la résultante de deux composantes variables encore : s'il est doué de quelque puissance, son efficacité se réduit donc à faire ce qu'il fait, comme l'état d'un être statique se réduit à être ce qu'il est; et, le comparant alors à la vitesse, on peut dire qu'il est à cette dernière comme tout faisant est au *faisant-faire,* ou tout exécutant au commettant. Ces deux nouvelles idées sont donc aussi rigoureusement corrélatives que distinctes; mais elles ne sont, ni l'une ni l'autre, extrêmes, et forment ainsi l'indispensable transition actuelle de la suprême puissance à l'impuissance absolue.

Faut-il maintenant comprendre les quatre *idées* précédentes dans la classe des *Subjectivités*, ou dans la classe des *Objectivités*; ou bien en comprendre une partie dans la première de ces classes, une autre partie dans la seconde? Nous sommes tout à fait de ce dernier avis. D'abord, le couple de la *fermentation* et de l'*inertie* doit se bifurquer clairement le premier, et prendre place au rang des termes fonctionnant l'un pour l'autre, au suprême degré, dans le rapport du Subjectif à l'Objectif ; et puis, comme impliquant au moins de loin le couple précédent, la *vitesse* et le *flux* doivent encore, quoique à un moindre degré, se distribuer de la même manière. Car, n'empruntant rien au dehors et se suffisant ainsi constamment à elles-mêmes jusque dans leurs actes externes, toutes puissances *fermentantes* ont nécessairement le caractère d'Objectivité si réduit et celui de Subjectivité si prononcé, qu'elles semblent vraiment n'en avoir pas d'autre que ce dernier, ou bien être exclusivement subjectives ou personnelles, l'objectivité devenant pour elles imaginaire. Les puissances du second degré, dites *vitesses* ou *forces vives*, n'offrent point, de leur côté, la même plénitude d'exercice intrinsèque, puisque le leur se réduit, non à *poser* des êtres de même ou d'autre degré qu'elles, mais seulement à *mouvoir* et par suite à former ou déplacer ceux du premier degré leur faisant face au dehors et leur servant ainsi (tout autant qu'ils leur sont soumis) d'objectif. *Phénoméniquement*, les *vitesses* et les *flux* sont donc entre eux comme sont *nouméniquement* entre elles les *fermentations* et les *inerties*, chez lesquelles l'essentielle opposition régnant entre l'actif et le passif exige indispensablement l'inégale répartition de ces deux caractères.

6. Dans ce qui précède, nous avons dit tout ce que nous croyons avoir à dire de plus important pour le démêlement et le classement méthodique du subjectif et de l'objectif, et nous devons maintenant songer à l'appliquer ; mais, avant de l'entreprendre et pour être plus clair, il convient de tout résumer en quelques mots. Les deux faces *objective* et *subjective* de l'Être se développent, chacune, en trois moments : l'initial, le moyen et le final. D'abord, il y a l'Objectivité *absolue*, qui est l'Être imaginaire ou de raison, essentiellement indéterminé, et la Subjectivité *absolue*, qui est l'Être réel ou de fait, essentiellement déterminé comme *personnel*. Puis, il y a l'Objectivité *relative ad intrà*, qui est la *personnalité de raison*, et la Subjectivité

relative ad intrà, qui est la *personnalité de fait*. Enfin, il y a l'Objectivité *relative ad extrà*, qui est la personnalité abstraite sous les formes de *flux* ou *d'inertie*, et la Subjectivité *relative ad extrà*, qui est la personnalité concrète sous les formes de *fermentation* ou de *vitesse* (§ 5). Un moment de réflexion sur ces divisions suffit pour reconnaître que le Subjectif et l'Objectif s'impliquent toujours, et qu'en chacune d'elles on accentue seulement, tantôt l'objectif de préférence au subjectif, tantôt le Subjectif de préférence à l'Objectif. C'est justement ce que nous allons continuer de faire, en nous arrêtant tour à tour sur chacun de ces aspects de l'Absolu radical, mais en ayant soin de commencer par mettre plus spécialement en relief l'Objectif, dont les premières déterminations semblent se maintenir plus longtemps que celles du Subjectif, exemptes de toutes complications hétérogènes.

Nous prendrons notre point de départ dans les quatre déterminations réelles déjà trouvées pour le Subjectif et l'Objectif, mais en élaguant presque en entier les deux *extrêmes* et ne retenant explicitement que les *moyennes*, bien suffisantes d'ailleurs à reproduire au besoin les *extrêmes*, quand on n'a plus de raison de s'en passer. Ces deux idées *moyennes*, tenant à la fois du Subjectif et de l'Objectif, mais, par là même alors plus de l'Objectif que du Subjectif, sont la *vitesse* et le *flux*.

L'Absolu radical étant essentiellement susceptible des deux aspects imaginaires *objectif et subjectif* (§ 3), il est inévitable que toute chose issue de lui participe à la même bifurcation originaire : donc les deux notions précitées de *vitesse* et de *flux* sont susceptibles de la même duplicité d'aspects ; et nous pouvons les envisager une première fois comme des êtres de raison, une autre fois comme des êtres de fait. De plus, on peut se souvenir que nous avons déjà qualifié de *fondamentales* les quatre notions de *fermentation* et d'*inertie*, de *vitesse* et de *flux* ; et, sans doute, elles méritent bien cette qualification par rapport à toutes les autres idées qu'on en peut déduire avec plus ou moins d'à-propos ; mais elles ne le méritent plus à tous égards entre elles-mêmes ; et, sous ce nouvel aspect, l'une d'elles semble seule primer imaginairement toutes les autres : c'est celle de *flux*, envisagée sous le double rapport de droit et de fait en *sens* et *direction*. Ne voulant ici qu'envisager *objectivement* les quatre idées principales admises, nous ferons abstraction de toute action virtuelle entre elles, et nous les associerons seulement comme *termes*. Ainsi considérées, elles sont seulement superposables ou *sommables* (§ 1). Les superposant alors *formellement*, nous obtenons un certain résultat; et les superposant *réellement*, nous en obtenons un autre.

Superposons-les d'abord *formellement*, en prenant pour base fondamentale le *flux*, et nous référant d'ailleurs aux quatre formules typiques $1^°$, 1^1, 1^2, 1^3. Posant et retirant tout à la fois en premier lieu la susdite base, nous avons le terme absolument imaginaire $1^°$. Apposant ensuite la même base à elle-même ou l'affirmant absolument, sans retrait aucun[1], nous avons le terme positif ou de premier degré, 1^1. La superposant

---

[1] C'est ce qu'on fait en disant : *1* pris *une fois* dans la même direction $= 1^1$.

de nouveau mais plus distinctement, par substitution de la direction rectangulaire à la parallèle, afin d'avoir deux positions irréductibles, nous avons le terme moyen ou de second degré, 1^2. La superposant enfin une dernière fois à elle-même telle que nous venons de l'obtenir et dans les mêmes conditions de distinction et de rectangularité, nous avons le terme potentiel et de troisième degré, 1^3. De quelles idées nouvelles le *Flux* ainsi formellement envisagé comme *direction* nous offre-t-il maintenant la figure sous ces quatre types consécutifs ? Les nouvelles idées *objectives* formellement introduites par ce moyen sont celles de *dimensions* : *nulle, linéaire, plane* et *solide*. En effet, trois directions rectangulaires figurent un solide ; deux directions rectangulaires, un plan ; deux directions parallèles indistinctes, une ligne ; et toutes directions nulles deux à deux, un point. Par la simple superposition ou sommation convenablement variée du *flux* abstractivement envisagé comme *direction*, nous obtenons donc toutes les quatre déterminations spéciales de l'espace *objectif* ou de l'Objectivité simplement formelle.

Mais, comme nous l'avons déjà fait observer, le *Flux* joint à l'aspect exclusivement objectif ou formel de direction celui beaucoup plus réel et respectivement subjectif (quoique foncièrement objectif toujours) de *sens*. Prenons alors en spéciale considération ce dernier, et superposons de nouveau le Flux envisagé sous cette face : nous obtiendrons les résultats suivants. D'abord, quand, par mise et par retrait simultanés, nous annulons tout flux réel, le résultat est *zéro*. Puis, quand, par mise et par retrait alternants, nous enlevons le posé pour rétablir immédiatement l'annulé, le résultat est identique au principe ou bien égal à 1'. Quand, ensuite, nous superposons réellement deux flux parfaitement compatibles comme rectangulairement convergents ou divergents, nous avons un résultat égal à la racine carrée de la somme des carrés des composants. Quand, enfin, nous superposons réellement trois flux parfaitement convenables encore ou réunis dans toutes les conditions requises de rectangularité, le résultat est une nouvelle valeur égale à la racine carrée de la somme des carrés des trois flux composants.

Ces quatre résultats ont reçu diverses dénominations, qui sont celles : en cas de nullité, d'*indétermination* ; en cas d'unité, d'*individualité* ; en cas de dualité, d'*espèce* ; et en cas de triplicité, de *genre*. De fait et de droit, on distingue en effet, originairement, trois genres, deux espèces sous chaque genre, une variable pluralité d'individualités dans chaque espèce, et une infinité d'éléments imaginaires discernables en chaque individualité.

7. Après ces explications sur le rôle des idées *moyennes* entraînant les *extrêmes* dans leur sphère, on peut maintenant comprendre aisément comment nous avons pu tout d'abord faire abstraction de ces dernières dans cette partie de notre travail sur les rapports mutuels du *Subjectif* et de l'*Objectif* envisagés comme *termes*. Il est bien clair, par exemple, que tout *solide* correspond à la formule 1^3, et représente ainsi, comme elle, la suprême puissance. Il est également manifeste que tout *genre* réunit en lui-même la plénitude d'exercice réclamée par la même formule ou le même exposant. Entre les

deux notions de *solide* et de *genre* et la notion de *fermentation* représentée par la même formule (§ 5), il n'y a donc point de distinction *quantitative* à faire, et l'on peut seulement faire valoir dans cette occasion, à l'avantage des deux premières, qu'elles impliquent un degré de perfection ou de régularité que la dernière est bien éloignée de reproduire. Mais ce qui relève ainsi considérablement d'une part les deux premières, a d'autre part le grave inconvénient de faire immédiatement obstacle à la variabilité caractéristique des personnalités du plus haut rang, qui doivent pouvoir aussi bien varier que tenir ; leur propre excellence actuelle est donc seulement relative et n'en exclut point une autre, relative encore, mais contraire et non moins favorable à la variation que la précédente l'était naguère à l'immanence.

8. Cependant, bien que la *variabilité* d'état soit une condition de perfection réelle aussi caractéristique que la *constante* régularité de forme, il ne faudrait pas croire pour cela que nous devions ici prendre immédiatement en spéciale

considération l'idée de *fermentation* qui l'implique ; car nul *extrême* — et pas plus la *fermentation* que l'*inertie* — ne peut servir de type à rien d'absolument accessible, imitable ; c'est pourquoi nous aurons recours à quelque chose de moins exclusif pour avoir le modèle voulu. Naguère (§ 6), voulant nous rendre compte des faits de *sommation* respectivement stables, nous nous sommes contenté d'ériger pour eux en base fondamentale le premier degré de la puissance 1^1 ou le *flux*. Ici, de même, nous nous contenterons d'ériger en base fondamentale de tous les faits de variation continue le second degré de la puissance 1^2, ou la *vitesse*.

La *vitesse* est à la *vie* ce que le *flux* est à l'*élément*. Tous les chimistes ou physiciens en appellent, dans l'établissement de leurs sciences spéciales, à l'*élément* sous le nom d'*atome*. De même, tous les mathématiciens ou physiologistes, dans leurs théories sur les mobiles ou les êtres animés, en appellent — sous les noms de *force vive* et de *principe vital*, ou (quand ils n'osent pas invoquer ce dernier nom) sous celui de *vie* en général, — à la *vitesse*. Or, la *vitesse* est chose encore bien plus *objective* que *subjective*, au moins tout autant qu'on la prend ainsi dans son acception générale et sans application à une individualité quelconque. Car nulle notion générale et restant exclusivement générale n'est ni réellement ni formellement *subjective*. Elle l'est bien finalement, si l'on veut, puisque, en dernière analyse et d'après la définition admise de l'Absolu radical (§ 3), l'Objectivité n'est pas plus concevable sans la Subjectivité que la Subjectivité sans l'Objectivité. Mais nous avons également reconnu que le Subjectif et l'Objectif peuvent, sans s'exclure jamais tout à fait, l'emporter alternativement l'un sur l'autre ou s'accentuer séparément ; et dans la *Vie*, la *force vive* ou le *principe vital* érigés en *genres*, il est clair que l'Objectivité tient le dessus. Donc la *vitesse* impliquée par ces notions est aussi chose tout spécialement *objective*. Malgré cela, nous ne saurions nier qu'elle soit souvent principe ou de doctrine ou d'action. Donc ici la *vitesse* est ce qu'était naguère le *flux*, c'est-à-dire un moyen naturel d'explication relativement aux faits de son ordre, tels que l'intrinsèque *variabilité* réelle ou apparente des êtres *personnels*.

9. La *vitesse* s'érige en base fondamentale de toutes les variations par la forme ou le rôle de *facteur*. Un *facteur* a deux caractères intrinsèques essentiels, qui sont d'être : 1° agent de multiplication ; 2° abstrait. Et ces deux caractères s'impliquent l'un l'autre. Agent de multiplication, le Facteur décuple, centuple la force ou la portée d'une Activité donnée, même matérialisée par hypothèse ; mais il ne jouit de cette propriété que comme abstrait ; car, s'il était concret, ce rôle éminemment facultatif lui serait impossible. D'un autre côté, comme le rôle de Facteur contraste singulièrement avec celui d'Élément !... Certes, rien n'est plus patent ou saillant que le passage de la Statique à la dynamique, ou de l'addition à la multiplication. Dans l'addition, on marche pas à pas ; dans la multiplication, on saute, on bondit : or, c'est là justement la raison du subit et si surprenant passage (prétendu surnaturel) de la Nature humaine ou du Sens humain à la Nature ou à l'Intellect angélique. L'homme, qui, par nature, ne sait (de prime abord) qu'ajouter ou *sommer*, se représente prisonnier en terre et s'exclut de

l'espace céleste. L'ange, dont rien ne saurait enchaîner le libre élan primitif, s'établit en plein espace et l'occupe sous la forme d'actes singuliers et détachés en apparence, mais foncièrement reliés entre eux par des forces intellectuelles ou tendantielles, laissant bien loin derrière elles — en vraie réalité même — celles reliant homme à homme ; car, à considérer leurs bases respectives, les forces primitives de l'homme sont l'*élément* et le *flux*, et les forces constantes de l'ange sont le *facteur* et la *vitesse*.

Nonobstant cette supériorité de l'état angélique, les formules ne changent point, et ce sont toujours les mêmes expressions $1^0, 1^1, 1^2, 1^3$, qui restent le type de ces variations. Seulement, au lieu de les envisager cette fois du dehors, nous devons les envisager du dedans, comme il convient à toutes forces virtuelles ou jouant le rôle de facteurs. Alors les facteurs, toujours censés pris deux à deux, sont : ou rigoureusement réciproques, comme $\frac{a}{1}$ et $\frac{1}{a}$; ou l'un essentiellement concret et l'autre abstrait, et par conséquent non alternants, comme a et x; ou tous deux alternativement abstraits et concrets à la fois, et par conséquent alternants, comme ax et by dans les équations elliptiques; ou bien, enfin, tous deux encore alternants mais inégaux, comme 1^1 et 1^2. Dans le premier cas, on vit et reste dans l'imaginaire 1^0; dans le second cas, on ne sort point du ressort initial et positif humain 1^1 ; dans le troisième cas, on atteint le ressort angélique 1^2 ; et dans le quatrième, on voit se réaliser d'un seul coup et pour toujours la plénitude de puissance réelle 1^3.

Comparant tout à l'heure l'homme et l'ange, nous en avons dit assez pour donner à comprendre, soit comment l'homme existe au premier degré de la puissance, et l'ange au second, soit comment, aussi différents l'un de l'autre en principe, ces deux êtres se logent ou se classent naturellement à part dans leur état *présent*. L'Être divin, atteignant seul tout d'abord au troisième degré de la puissance, doit par la même raison subsister *présentement* à part ou résider en un régime inaccessible aux deux autres restant dans leur état naturel respectif. Mais, ce qu'il nous importe le plus ici de remarquer, ce n'est pas cette différence hiérarchique de Natures, c'est la différence progressive des moyens conduisant aux divers degrés superposés de puissance, ou *formelle* ou *réelle*. De même, en effet, que, partant de la première base fondamentale, ou du *flux*, nous sommes arrivés au suprême *formel* dans le *Solide* et au suprême *réel* dans le *Genre*, partant ici de la nouvelle base fondamentale, ou de la *Vitesse*, nous atteignons au suprême *formel* dans ce qu'on appelle *produit*, et au suprême *réel* dans ce qu'on nomme *puissance*. Un produit est toute élévation relative de degré d'exercice comme $6 = 2.3$, ou $C = AB$. Une puissance est tout carré ou cube provenant de racines égales en tout (sauf le sens d'application). Le simple *produit* a donc pour point de départ le facteur *relatif*, et la *puissance* a pour point de départ le facteur *absolu*. Ainsi, la même idée fondamentale ne cesse point de fonctionner dans les deux cas; mais elle n'y fonctionne point de la même manière ni avec la même perfection. Une certaine hétérogénéité dépare toujours les facteurs *relatifs*; mais le facteur *absolu*, ne différant que par le *sens* alternant des deux jeux qu'il réunit en lui-même, est vraiment homogène dans le *fond* et la *forme*, et peut ainsi toujours parvenir intemporellement ou d'un seul coup à l'apogée de la puissance réelle.

10. De là nous pouvons déduire, entre les natures créées (humaine et évangélique) et l'incréée (divine), une différence autre que celle des degrés de la puissance, et pouvant suppléer cette dernière quand elle s'évanouit. Tout d'abord, l'homme, l'ange et Dieu sont entre eux, avons-nous dit, comme les symboles 1^1, 1^2 et 1^3. Mais, alors même que, par hypothèse et dans le monde phénoménique, cette différence vient à s'évanouir, il en surgit et reste une autre pour maintenir la distinction originaire, et c'est celle par laquelle l'homme et l'ange sont comme $6=2.3$ ou $C=AB$, quand Dieu est toujours comme $4=2^2$, ou $8=2^3$. Et qu'on ne juge point ici, par hasard, cette remarque inutile ! Rien n'est souvent plus précieux que les résidus réputés méprisables par tous ceux qui ne savent pas les analyser et mettre à profit.

Commençons par nous faire une idée nette des deux natures *angélique* et *humaine*. Ces deux natures sont, au point de vue que nous avons actuellement atteint, telles que les quantités $C = 2.3$, ou $C = AB$, c'est-à-dire, des *produits*, mais des produits inverses. L'homme, comme nous le savons déjà, vit dans la région des *termes* simplement susceptibles d'addition ou de soustraction. Il est, cependant, une puissance ; mais, comme il ne peut — en son absolu dégagement originaire de tous les autres êtres qui l'entourent — les atteindre et régir qu'extérieurement, il emploie dans ce but la *mécanique*, soit immédiatement par son propre *corps*, soit médiatement par les appareils matériels qu'il vient à bout de construire et qu'il utilise comme ses propres *membres*. En conséquence, que ses moyens d'action soient ou ne soient pas distincts de lui, peu importe : il agit sur le dehors et du dedans au dehors, par ses *membres* ; et ses membres sont ses *forces*. Au contraire, l'ange commence par où l'homme finit; l'ange existe originairement en commun avec ses pareils, et, pour se distinguer, il se dégage alors de plus en plus de la communauté pour se retirer et se concentrer en lui-même. Dans cette retraite et cette concentration progressive, sa personnalité grossit ; mais, tant qu'il tient à la masse commune, il y puise par ses appartenances, comme par des racines; et ces appartenances sont en même temps comme des membres respectifs, moins gros en apparence que le centre, exclusivement virtuels même peut-être ; c'est pourquoi, renversant ce que nous disions tout à l'heure de l'homme, nous pouvons dire de l'ange, que les *membres* en sont les *forces* (ou vitesses). Au lieu, donc, que l'homme a ses membres pour forces, l'ange a ses forces pour membres. L'homme, *physique* par sa masse centrale, devient comme *virtuel* par ses extrémités dépositaires de toute sa puissance. L'ange, *virtuel* par les extrémités, redevient comme physique par le noyau central. Mais l'homme, s'exerçant de près sur son entourage, est ou apparaît excessivement petit ; au contraire, l'ange, s'exerçant de loin et par le moyen de ses idées ou de ses aspirations dans l'espace, est ou apparaît excessivement grand. Le monde de l'homme est sa planète apparente ; le monde de l'ange est tout le ciel.

Partant maintenant de cette double notion

des deux êtres angélique et humain, nous pouvons dire, avec la confiance d'être compris : 1º que l'homme évolue dans le temps vers le dehors avec constante déperdition de force, et que l'ange, originairement épandu dans l'espace, rentre au contraire constamment (sauf déchéance) en dedans pour ne pas s'affaiblir, d'où il suit que ces deux êtres sont réellement inverses, comme l'un expansif et l'autre condenseur ; 2º que, l'homme et l'ange s'exerçant également avec intrinsèque complication de facteurs analogues aussi bien qu'harmoniques, et par là même alternants en sens et rectangulaires en direction, ces mêmes facteurs sont également, dans les deux cas, d'abord réductibles à deux, et puis exprimables au second degré de puissance par les formules indéterminées $cos\ a\ sin(1-a)$, $cos\ (1-a)\ sin\ a$; 3º que, dans les deux cas encore, les deux facteurs associés ne pouvant — comme rectangulaires — être présupposés appartenir à la même puissance, il y a lieu de les opposer comme respectivement l'un *formel* et l'autre *réel*, ou réciproquement, et par conséquent (en transportant le même genre de considérations à l'ange et à l'homme) de regarder l'homme, par exemple, comme un être *sensible* par le genre et *intellectuel* par l'espèce, en tenant inversement l'ange pour *sensible* par l'espèce et *intellectuel* par le genre ; 4º mais que, en général et sauf le cas d'arc $= 45°$, où l'on a $cos^2 = sin^2 = \frac{1}{2}$, les facteurs des produits $cos\, a\, sin\, (1-a)$, $cos\, (1-a)\, sin\, a$, sont constamment inégaux et variables. Donc, alors, les produits obtenus sont seulement en général des produits *relatifs* et non des puissances *absolues* ; ou bien les personnalités fonctionnant sous cette forme sont de simples puissances *relatives* et contingentes. Au contraire, il en est tout autrement dans le cas exceptionnel déjà mentionné d'arc $= 45°$; car, ici, les facteurs, identiques de fond et de forme ou de genre et d'espèce, et ne différant entre eux qu'en direction objective, ne peuvent manquer d'être absolument — sinon relativement — confondus ; ils sont donc doués d'identité réelle permanente et rentrent dans la classe supérieure des faits divins, nulle puissance ne pouvant exister sous cette forme potentielle absolue sans être ou divine ou divinisée.

11. Cette dernière conséquence une fois obtenue, cessons d'en tenir compte, c'est-à-dire, faisons rentrer le cas exceptionnel de $\cos^2 = \sin^2$ dans celui respectivement général de $\cos a \sin (1-a)$, $\cos(1+a) \sin a$, pour représenter le tout par la formule encore plus générale 1^2; et, de cette dernière formule du 2e degré, descendons à la formule du 1er degré, 1^1. Arrivés là, nous nous retrouvons en présence des deux sortes de facteurs *simple* et *double*; et, comme nous l'avons déjà dit, tous les deux opèrent ; ils opèrent seulement en sens *contraire* dans un cas et sur un fond différent dans l'autre, et par suite la manière d'agir s'en modifie notablement. Un être animé d'un simple facteur *abstrait*, par exemple, n'en saurait évidemment retirer aucune ardeur croissante ni même stable ; et comme, en agissant au dehors, il perd incessamment sans compensation proportionnellement à la distance ou à la durée d'application, il ressemble forcément au corps émetteur ou récepteur de Calorique qui devient solitairement, ou de chaud froid, ou de froid chaud ; transformation continue qui, malgré son initiale rapidité, peut prendre un

temps infini. Le facteur *allié*, qui transporte son action sur un autre, peut bien éprouver, en soi, même déchet ; mais subjectivement il peut aussi, s'il résiste à tout entraînement ou ne cède qu'autant qu'il reçoit, ne rien éprouver de semblable, et pour lors, quand il cède, sembler voyager dans une série de positions immobiles données, comme l'Électricité voyage dans les fils conducteurs, ou, quand il résiste, sembler emporter ou déplacer à son tour le terme libre et mobile soumis à son action, comme la force impulsive animant les globes planétaires les emporte et déplace incessamment dans leurs orbites tous remplis en entier de sa présence immanente. On voit par là que tout facteur *simple*, isolé, fait *petit*, mais (à moins d'interruption étrangère) *long* ; et que tout facteur *double*, allié, fait au contraire *grand*, tout autant qu'il n'exclut aucun degré de grandeur, et *court*, tout autant qu'il se conserve et reste élémentaire. Or, faire *petit* et *long*, d'une part, et faire *grand* et *court*, de l'autre, sont deux choses qui peuvent parfaitement se compenser ; l'inversion des procédés n'enlève donc ici rien de réel à la nature des forces vives originairement appliquées dans les deux cas d'isolement ou d'alliance. La *force vive* qui, par exemple, se traduit brusquement en simple quantité de mouvement par décroissement hyperbolique objectivement linéaire et rectiligne, ne se voue ni plus ni moins à cet effet total imaginaire, que la *force vive*, attentive à se conserver une et concentrée, ne se voue à produire ou subir par petits coups un mouvement circulaire indéfini parfaitement régulier. La différence énorme des résultats n'engage aucunement les natures, et dépend seulement des personnalités dont la mise en avant ou le jeu volontaire fait que les natures s'appliquent parfois avec grand profit et parfois à pure perte. La personnalité qui s'applique isolément, se condamne par là même à ne se plus mouvoir désormais qu'en ligne droite ; car, comment en dévierait-elle ? L'actuelle unité de principe réel implique alors forcément l'invariabilité d'effet, et d'effet même imaginaire. Au contraire, la personnalité rangée spontanément et sans réserve au service d'une autre, sans pour cela se dénaturer, lui tient lieu par là-même de principe adjoint. Or, tout principe distinct est régulateur spécial de direction : donc tous facteurs alliés par couples ne doivent jamais agir en ligne droite, mais agir toujours au contraire angulairement. Ainsi, la formule $1'$ reste comme type du mouvement rectiligne, et la formule 1^2 reste comme type de mouvement révolutif ; mais la même formule 1^2 préside bien, comme *cause*, au début du mouvement rectiligne, et la même formule $1'$ préside à son tour, comme *élément*, au début du mouvement révolutif. Donc, les deux formules signifient, en application, mouvement ; et, comme tout mouvement implique changement ou variation, la *variabilité* même trouve son expression dans les mêmes formules, avec cette particularité que, autrement modifiée dans les deux cas par l'emploi de facteurs réels *simples* ou *doubles*, ainsi qu'*égaux* ou *inégaux*, elle offre dans leur réunion toute la somme ou la série possible de variations imaginables.

12. Les forces constituées comme $1'$ et 1^2 sont bien maintenant causes de mouvements, mais elles n'en sont que causes *moyennes*, et non

causes *premières*. Elles en sont causes *moyennes*, d'après le rang de leurs formules mêmes, 1^1 et 1^2, moyennes entre les extrêmes 1^0 et 1^3 ; elles n'en sont point causes *premières*, puisqu'elles excluent par hypothèse le mode d'efficacité signifié par ces formules extrêmes, expression obligée des premières ou dernières raisons du devenir. Où trouverons-nous alors les causes premières ? Nous les trouverons dans les deux notions de *fermentation* et d'*inertie*, que nous avons dû soigneusement élaguer jusqu'à cette heure, mais qui désormais répondent seules à la question présente et nous en peuvent donner sans trop de difficulté la solution. Du reste, de ces deux notions, la dernière ou celle d'*inertie* n'intervient ici que très-secondairement ; et, sans en prétendre nier en tout point la causalité respective nécessaire au complément des théories, nous pouvons déjà la reléguer dans l'ombre comme exclusivement bonne à motiver, par sa propre *nullité*, l'active application des autres sortes de causalité positive sur lesquelles elle influe, non directement, mais indirectement, comme entrevue par elles et leur donnant *occasionnelle-*

ment ainsi lieu, d'abord, de penser qu'elles pourraient suppléer à son défaut, et puis de le vouloir. L'*inertie* est donc, en définitive, cause *absolue* déterminante, mais pourtant simplement *occasionnelle* ou *négative*. Il en est tout autrement de la *fermentation*.

La *fermentation*, dont le nom a pu d'abord paraître étrangement introduit à plusieurs, n'est point un fait ou phénomène exclusivement matériel; au contraire. Nous serions plutôt d'avis de la regarder comme un fait tout spécialement immatériel ou, pour mieux dire, virtuel. En effet, y a-t-il, à proprement parler, une action matérielle quelconque? Pas le moins du monde. Ces deux mots : *action*, *matérialité*, jurent ensemble. Si l'on ne fausse point l'idée de matière, on entend par ce mot une chose inerte. Toute chose matérielle est donc inerte ; et dire alors une action matérielle revient à dire une action inerte, c'est-à-dire une action qui n'en est pas une, association d'idées aussi déraisonnable que celle de *cercle carré*, vulgairement donnée pour type de toutes les absurdités de même genre. Il n'y a donc point d'action matérielle imaginable. Donc, quoiqu'il soit vrai de dire que certaines actions, comme celles de manger, de boire, de dormir, de marcher, etc., s'effectuent avec accompagnement ou revêtement de matière, ces mêmes *actions* n'en sont pas plus foncièrement matérielles que l'*idée* rendue par les sons de la parole n'est matérielle sous cette forme d'emprunt.

Qu'est-ce alors que la *fermentation ?* C'est une action communément émise sans doute avec accompagnement de lumière et de chaleur ou autres caractères analogues, mais essentiellement constituée par la seule rencontre de forces tout au plus susceptibles en premier lieu de superposition, et par suite aussi tellement opposées qu'elles excluent d'entre elles toute sorte de complications ou constructions, et subsistent ainsi dans une radicale et perpétuelle agitation intestine, dont l'instabilité peut à la moindre occasion se révéler, soit en se calmant par l'adoption de constructions plus ou moins régulières, soit en achevant d'éclater par vive et prompte dissémination en tout sens. En d'autres termes et plus brièvement, la fermentation est une sorte de bouillonnement virtuel interne n'attendant qu'une occasion favorable pour se traduire en effets sensibles extérieurs et régulièrement consécutifs de lutte ou d'apaisement.

Dans cette définition, deux expressions sont surtout essentielles à remarquer : ce sont celles d'*occasion* et de *bouillonnement*. Le mot *occasion* indique d'abord ici la présence de causes vraiment *premières*, comme seulement déterminables par occasion ou fiction, et par là même comme se déterminant toujours et seulement elles-mêmes ; car les occasions en elles-mêmes n'agissent point, ni même ne provoquent à l'acte ; elles mettent seulement dans le cas d'agir en elles comme on peut le vouloir faire. Le mot *bouillonnement* indique ensuite l'état interne et constamment présupposé des mêmes causes, en vertu duquel elles sont toujours prêtes à tout événement, et n'ont ainsi qu'à vouloir pour intervenir activement en toute rencontre selon leur bon plaisir.

Mais de la même définition résultent encore des conséquences bonnes à signaler. D'abord, nulles causes actives ne peuvent être en état d'agir occasionnellement et d'elles-mêmes en toute rencontre, sans être *libres* au dehors et au dedans. Car, puisqu'il leur suffit d'en trouver l'occasion pour agir, elles sont bien libres au dehors; et, puisqu'elles agissent par hypothèse d'elles-mêmes, elles sont aussi bien libres au dedans; les causes *fermentitielles* internes sont donc des agents libres. Mais ce n'est pas tout : elles sont multiples et justement au nombre de trois. En effet, nulle cause intrinsèquement une ne peut être en fermentation; contre quoi ou qui lutterait-elle?... Deux seules causes ne peuvent pas davantage fermenter, car, quoique disparates, — rien ne pouvant alors les distraire de leur opposition, — elles finiraient par atteindre tôt ou tard leur point statique, et dès ce moment leur antagonisme cesserait du même coup. Mais admettons qu'elles existent au nombre de trois, et qu'elles sont d'ailleurs toutes disparates *une à une* et *une à deux*; voilà que, au moment où deux quelconques d'entre elles voudraient s'établir en équilibre, la troisième, exclue de l'union, mais non moins propre à y participer que les deux autres, demanderait d'y trouver place, et, bouleversant par là même l'ordre d'avance intenté sans son concours, elle maintiendrait à l'ordre du jour la division. Entre trois forces disparates, toute fusion radicale est donc rigoureusement impossible, et la division existe à poste fixe dans leur sein; c'est le mouvement perpétuel. Or ce mouvement existe. Donc les puissances radicales sont au nombre de trois.

Quelles sont ces trois puissances rivales radicales? Elles sont le Sens, l'Intellect et l'Esprit.

13. Pour comprendre cette triple division de Puissances ou de Personnalités dans l'Absolu radical, il ne faut pas commencer par les prendre pour trois Unités absolues, mais plutôt et seulement pour trois Nécessités originaires et confluentes à satisfaire, et qui sont celles de *sentir*, de *penser* et de *vouloir*. De fait, ces trois Nécessités s'imposent de toute la force de l'Absolu lui-même, et lui sont par conséquent identiques; mais comment y satisfaire à la fois, puisqu'elles sont opposées? Il n'y a pas d'autre moyen d'en venir à bout, que celui de les mettre en mouvement perpétuel et de les imaginer, chacune,

à la poursuite d'une autre ou des autres, sans trêve ni merci ni mesure, ce qui nous ramène au système d'Union déjà caractérisé depuis longtemps (§ 1) par les notes de *distinction* et d'*identité* fondues ensemble. Là, la distinction et l'identité ne laissant pas de s'exclure en s'impliquant toujours, il est évident qu'on ne peut intelligiblement échapper à la contradiction imminente qu'en distinguant deux ressorts imaginaires irréductibles, tels que ceux du Subjectif et de l'Objectif, et c'est en effet de cette manière que la difficulté se résout, l'Absolu radical *un* y constituant l'Objectif et les *trois* Nécessités internes confluentes y constituant le Subjectif trois fois un mais en deux mises. Et pour lors, il est encore évident que là, la plus parfaite correspondance continue de régner entre le Subjectif et l'Objectif, puisque, si l'on imagine de prendre les trois Nécessités internes pour *Objectif*, on doit forcément *subjectiver* alors l'Absolu radical un, d'où résulte la nouvelle opposition d'un seul Sujet réel externe à trois Objets corrélatifs, dont l'un est réel, et les deux autres sont imaginaires ou censés tels.

En admettant, maintenant, que le Subjectif et l'Objectif soient originairement ainsi constitués, leur sein est nécessairement le siége d'une fermentation absolue, complète et radicale. Car les trois Puissances ou Personnalités admises n'y sont jamais en repos et s'y poursuivent incessamment; elles sont bien encore d'ailleurs internes, et par suite exclusivement *intensives*; elles varient en outre, toutes et chacune, entre les limites 0 et 1 en tout ordre de choses sensible, intellectuel et moral; donc elles joignent à la *centralité* la plus entière toute l'activité *focale* imaginable, et présentent ainsi le premier et plus parfait exemple de *fermentation* réelle. Voulant actuellement approfondir la nature de cet état primitif ou naissant, nous y distinguerons trois moments au moins imaginairement successifs.

Dans le premier moment, les trois nécessités subjectives internes commencent à se poser comme personnalités absolues irréductibles, et nommément, la première comme Sens, la seconde comme Intellect, la troisième comme Esprit. Ainsi considérées, toutes ne laissent point d'abord de sentir, de penser et de vouloir à la fois; mais, tout autant qu'elles sentent, pensent et veulent d'abord indistinctement, elles ne se discernent pas encore ; et, pour arriver alors à se discerner par quelques caractères dès ce moment *objectifs*, elles en viennent à sentir, penser ou vouloir séparément, auquel cas la première à sentir s'appelle Sens, la première à penser Intellect, et la première à vouloir Esprit. Il reste seulement à savoir sous quelle forme *objective* ces trois premières données peuvent se révéler ; mais nous en avons assez dit pour pouvoir le reconnaître aisément. Les trois puissances sont à la fois unies et distinctes. Mais la première est nécessairement, comme première, identité pure ou type d'identité. Donc la seconde est, comme seconde, type de distinction ; et la troisième, comme troisième, type de rapport. En intervenant alors *objectivement* pour maintenir son type *subjectif* originaire en face de tout type opposé, chacune des trois Puissances se tend autant *subjectivement* qu'elle doit *objectivement* se relâcher sous influences contraires. Ainsi, la distinction introduite par l'Intellect impliquant répulsion comme l'identité primitive du Sens implique attraction, l'Intellect accuse à peine la tendance à décentraliser que le Sens affirme sa propre tendance à l'union, etc. Le Sens se révèle donc, en qualité de sensible, comme principe d'attraction ; l'Intellect se révèle, à titre d'intelligent, comme principe de répulsion ; et l'Esprit se révèle, à titre de spirituel, comme principe d'impulsion. L'uniforme qualification de principe nous permet de retrouver là l'unité de *Nature* adjointe à la triple distinction relative d'*espèce*.

Dans le premier moment tout à l'heure décrit, le Sens tient toujours *de fait* la tête de la série des puissances ; mais on a pu remarquer déjà, malgré la rapidité de notre exposition, qu'il a fallu l'au moins *idéale* intervention de l'Intellect en qualité d'agent répulsif, pour amener le Sens à se poser comme attractif : il existe donc un ordre *rationnel* inverse de l'ordre *réel*, et dans lequel l'Intellect se place au moins partiellement, à l'instar de son précurseur le Sens, qu'il supplante alors, en tête de série. Le nouveau fait intellectuel qu'il introduit ainsi dans l'unité primitive, est celui d'écart. L'Intellect *disjoint* donc ; à sa suite, l'Esprit *projette* ; et, comme à la fois témoin et suppôt de ces deux actions secondaires, le Sens, intervenant cette fois le dernier, *applique*. L'acte d'*absolue disjonction* dont nous venons de parler, étant le premier acte de l'Absolu radical vers le dehors, correspond, si l'on y fait bien attention, à la création des êtres absolus contingents. En effet, ces êtres doivent être d'abord présupposés imaginaires ; ils le sont par l'acte *intellectuel* de représentation devançant ici le *virtuel* et le *sensible*. Puis, on ne concevrait point en eux la transition de l'imaginaire au réel, s'ils n'étaient, en l'état même d'imaginarité, porteurs de quelques titres motivant leur réalisation ; et ces titres leur sont alors dévolus par l'Esprit, en faisant par prévision le siége anticipé de ses tendances ou mouvements. Enfin, le Sens, trouvant les *plan* et *projet* de l'Intellect et de l'Esprit utiles, y donne bénévolement les mains ou les réalise comme ils lui sont proposés ; mais, en les réalisant même tels qu'ils lui sont proposés, il ne manque point de les rapporter à la loi souveraine et radicale d'identité, d'où résulte le phénomène naturel, mais bien plus indirect et faible qu'on ne le pense, de la gravitation.

Le premier moment nous a montré le sens

tête de série ; le second moment vient de nous montrer de même l'intellect initiateur ; il nous reste donc à voir de nouveau l'Esprit s'installant dans un troisième moment au premier rang, et c'est ce dont il s'acquitte très-bien à son tour, non plus sous la forme de force *auxiliaire* tendantielle ou tangentielle, caractéristique de l'ordre précédent, mais sous la forme de *résultante*, caractéristique du sien propre. Remarquons, en effet, que, en tout cas de forme *auxiliaire* tendantiellement ou tangentiellement mise en jeu sur un terme *intellectuellement* isolé qu'elle entraîne, il est naturel à la *position intellectuelle* ainsi portée passivement en avant, de s'en approprier le bénéfice et d'entrer par là même en ultérieure opposition directe avec le sens par la vitesse *transversalement* interposée sur le cours de la force centripète d'origine sensible et de direction *longitudinale*. Témoin de ces deux prétentions opposées, l'Esprit intervient alors entre elles par manière de *résultante*, mais en ne cessant jamais, malgré cela, d'agir immédiatement sur la position intellectuelle isolée, seule mobile. Dans cet état de choses, il se produit objectivement un phénomène nouveau qui doit, à l'avenir, changer du tout au tout l'allure des puissances internes. Dès-lors que la position intellectuelle isolée s'est faite — par appropriation de la vitesse acquise — centre *relatif* opposable au centre originaire *absolu* mais rendu par là même aussi *relatif*, la médiation de l'Esprit résultant les amène à considérer leurs tendances rectangulaires respectives comme constituant un plan déterminé tout particulier, et ce plan est celui-là même dans lequel l'esprit résultant, passivement inclus, devient, sinon le principe actif, au moins l'occasion réelle et déterminante de relations toutes nouvelles, tant subjectives qu'objectives.

Décrivons d'abord les relations *objectives* de la nouvelle situation faite aux puissances. Nous n'apprendrons rien à nos lecteurs si nous disons que, en tous couples de forces égales et disparates appliquées en sens contraire, la résultante est nulle; que, entre les mêmes forces parallèles et superposées, la résultante est égale à leur somme, mais que, entre les mêmes forces appliquées à angle droit, la résultante est une diagonale incommensurable avec les composantes figurées par des droites proportionnelles, et par là même irrationnelle à leur égard. On comprend encore de soi-même que si l'on imagine alors de construire le carré dont les composantes données forment deux côtés, et de réunir ensuite ses quatre sommets deux à deux par deux diagonales, chacun de ces côtés peut être envisagé comme une diagonale secondaire par rapport aux deux moitiés des deux grandes diagonales qui l'encadreraient le cas échéant. Ici, donc, les parties sont constituées comme le tout, ou le tout comme les parties, à la seule condition de renverser les rôles entre le grand et le petit. Poussons après cela plus avant, et circonscrivons, par exemple, un cercle au rectangle construit ; prenons en outre chaque grande diagonale pour axe de sphère, et ses deux bouts pour pôles : les relations précédentes ne seront par là modifiées en rien ou resteront ce qu'elles sont. En raison de l'évidence et de la banalité de toutes ces assertions, on pourrait être étonné de nous les voir énumérer ici ; mais, autant elles apparaissent triviales de prime-abord, autant elles justifient, en applications *subjectives*, par leur importance ou profondeur, la mention que nous venons d'en faire.

Pour en formuler actuellement les applications subjectives possibles, nous poserons aphoristiquement les principes suivants. 1° *Tous termes polaires de diagonales sont absolument opposés ou contradictoires entre eux*, à l'instar du *positif* et du *négatif*, et nous en avons une preuve évidente dans l'*Électricité*, dont le premier exercice respectif est certainement linéaire : on sait qu'elle se divise en positive et négative et que les pôles en sont contraires. 2° *Tous axes tournant sur leur propre centre et dans leur plan avec un degré suffisant de vitesse n'accusent point leurs caractères opposés, mais excitent une sensation uniforme toute positive;* et nous avons la preuve de ce nouveau fait en la *lumière* toujours plane en son premier exercice respectif, et dont l'éclairement échappe toujours aux yeux dirigés hors de son plan de polarisation normal à celui de vibration dans lequel seul elle s'étale. 3° *Tout axe de sphère, tournant ou non sur lui-même, est coupé normalement en son milieu par deux autres axes fixes et formels avec lesquels il forme deux plans fixes ou formels encore, en même temps qu'il décrit, comme réel (s'il est atteint de devenir), deux autres plans circulaires réels normaux aux précédents formels.* Cette nouvelle proposition est pleinement confirmée par la théorie moderne de la lumière, où les deux plans circulaires *formels* sont nommés plans de *polarisation*, et les deux plans circulaires *réels* plans de *vibration*. 4° *Nulle force absolue ne peut être cependant réduite à ne s'exercer que suivant une droite ou dans un plan, mais doit pouvoir rayonner sphériquement en tous sens.* Ainsi, l'on trouve que le calorique rayonne originairement en tous sens, et que la lumière l'imite ordinairement sous ce rapport, comme à son tour le calorique n'est point incapable d'imiter la lumière en polarisation circulaire. 5° *Toute force qui s'exerce axialement d'un pôle à l'autre est nécessairement variable ou bien apparaît croissante ou décroissante, en changeant depuis l'unité jusqu'à zéro ou réciproquement.* La Puissance absolue radicale, définie l'identité de l'imaginaire et du réel, réunit forcément en soi ces deux limites par la distinction entre les deux faces *interne* et *externe* du Sens, dont l'une ne peut jouir du plein jour sans que l'autre ne soit plongée dans les plus épaisses ténèbres ; mais en fait d'exercices contingents, les êtres vont en général du jour à la nuit, ou de la nuit au jour, ou bien encore alternent incessamment entre ces deux contraires.

14. On vient de voir quelle clarté la notion de *résultante*, appliquée convenablement aux agents naturels, mais surtout à la Lumière, leur type le plus parfait, répand sur les relations originaires et perpétuelles entre l'*Objectif* et le *Subjectif* ; persévérant dans cette voie, nous pouvons y puiser de plus grands renseignements encore. Entre les deux lumières polarisées *ordinaire* et *extraordinaire*, outre la différence des deux plans de polarisation connue de tout le monde, il en existe une autre, aussi patente mais bien moins comprise, et consistant en ce que, des *trois* principaux avantages attribuables aux deux lumières, l'Ordinaire en a *deux* qui lui sont spécialement propres, et l'Extraordinaire un seul. L'avantage spécialement propre à cette dernière est la faculté qu'elle a d'*aller et de venir*, suivant la nature des cristaux réfringents, en deçà et en delà de la lumière *ordinairement* réfractée. Cette facilité de déplacement a certainement son prix ; mais on ne disconviendra point qu'elle peut être aussi la source de beaucoup d'illusions ou d'errements, et fait ainsi souvent racheter fort chèrement des agréments passagers assez frivoles. Au contraire, la Lumière ordinaire observe (quoique toujours inégalement réfrangible suivant la nature des milieux diaphanes) une marche beaucoup plus régulière : elle est donc déjà, sous ce rapport, *régulatrice*. Puis, comme la lumière extraordinaire ne s'en sépare pas toujours, et que, dans ces cas d'indistinction, l'ordinaire reste constamment percevable, on doit forcément admettre que, à moins d'être intentionnellement exclue de toutes semblables opérations, celle-ci n'y fait jamais défaut. Mais, si la lumière extraordinaire (comme son nom l'indique d'ailleurs) n'est qu'exceptionnellement apparente, et que l'ordinaire apparaisse (au sens que nous venons de dire) toujours, cette dernière a nécessairement la *priorité* sur la précédente. Donc, l'Extraordinaire ayant le privilége de la *mobilité*, l'Ordinaire a le double avantage de la *constance* et de la *priorité*. Ces deux derniers avantages s'impliquent d'ailleurs, évidemment. Une activité variable ne peut avoir pour régulatrice une autre activité non existante par hypothèse ; la première apparue doit donc être aussi la plus constante.

Tout ce que nous venons de dire n'est point un discours en l'air et sans application subjective immédiate ; en voici la preuve. La puissance *sensible* centrale est un principe premier, jouant à ce titre un rôle masculin ; et la puissance *intellectuelle* circonvolante est (comme fin rationnelle) simple principe secondaire, jouant alors un rôle féminin. Le premier principe et le principe secondaire, ou le masculin et le féminin, sont d'abord (comme les deux lumières *ordinaire* et *extraordinaire*) superposés ; et, pendant que cet ordre primitif se maintient, il est vrai de dire que le féminin règle *en raison* le masculin, comme *de fait* le masculin règle à son tour le féminin ; car, en l'absence de toute distinction préalable entre centre et foyer, il n'existe point de grave dissentiment ou désaccord possible. Mais, s'il arrive par hasard que le féminin, plus idéal varie le premier en orientation par sa mobilité prépondérante, il peut bien se faire que le masculin, moins idéal ou plus positif, demeurant fidèle à son propre caractère, ne l'imite point; et, dans cette hypothèse, constant, il doit servir à retenir ou ramener le variable. En supposant, au contraire, que le masculin, quoique isolément constant, soit, en association, moins solide et, comme par contre-coup, imite dans sa déviation le féminin, ils subissent en commun la même déchéance. Cependant, nul défaut naturel n'est dépourvu de la qualité propre à le faire servir occasionnellement, autant au bien qu'au mal. Si le principe féminin, que nous savons jouir secrètement d'une centralisation originaire incontestable, vient à s'apercevoir, par les mauvais résultats obtenus, de la discordance irrationnelle introduite entre le réel et le possible ou le fait et le droit, il peut bien vouloir revenir sur ses pas et réussir même parfois à réintégrer avec soi dans la bonne voie le principe masculin, imitateur de son égarement. Le principe féminin est donc ou peut être, soit source de défection, soit moyen de retour, comme, de son côté, le masculin est ou peut être consommateur ou du mal ou du bien dans les deux cas ; et tous deux jouent à la fois double rôle : mais le féminin joue les deux rôles *moyens* 1¹ et 1², comme le masculin joue les deux rôles *extrêmes* 1º et 1³, afin de nous montrer ainsi que l'identité du Subjectif et de l'Objectif ne cesse jamais de régner en eux avec une pleine évidence.

15. Tout n'est pas dit néanmoins, par là, sur la question des *origines* (ou du *premier principe* et de la *dernière fin*) du devenir tant interne qu'externe, avec laquelle celle de *fermentation* a les plus étroites relations et tend même décidément à se confondre ; et, pour achever de nous expliquer à cet égard, nous nous demanderons où peut être réellement l'origine, soit du principe d'*initiative* ou de *continuité*, d'une part, soit du principe d'*égarement* ou de *retour*, de l'autre. Pour nous, cette origine est : d'abord, dans les *deux* centres originaires admis comme l'un *sensible*, l'autre *intellectuel* ; puis, dans les *deux* fonctions pareillement admises en principe comme l'une *masculine*, l'autre *féminine*.

Les deux forces masculine et féminine, en tant qu'objectivement et subjectivement indistinctes en premier lieu, sont originairement comme saturées l'une par l'autre ; et le tout alors réel est le genre *neutre*, toujours spirituel et figuré par les cristaux *cubiques*. *Subjectivement* distinctes ensuite, mais *objectivement* superposées toujours, elles sortent de la classe des cristaux *cubiques* et passent dans celle des *uniaxes*, chez lesquels rien ne décèle encore au dehors aucune excentricité radicale entre les deux tendances rivales. Il suffit cependant que l'*actuelle* distinction *subjective* des deux sexualités apparaisse une première fois et surtout se répète, pour qu'elle puisse se fixer et prendre *objectivement* corps ou forme ; et dès ce moment, faisant par là-même un nouveau pas en dehors de l'Unité primitive, elles passent de la classe des cristaux uniaxes en celle bien plus imparfaite des biaxes, chez lesquels les deux lumières polarisées ne fonctionnent plus en général que dans les deux plans des sections circulaires et normales des ellipsoïdes non de révolution. Enfin, la dégénérescence est complète et définitive quand,

non contentes de ne s'allier qu'exceptionnellement, les deux forces masculine et féminine en
arrivent au point de *s'objectiver* entièrement ou
de se constituer de fait en un état absolu d'opposition diamétrale pareil à celui que nous avons
démontré réalisable en polarisation conique,
quand les deux lumières, devenues toutes matérielles, se disposent entre elles par répulsion
en manière de *Centre* et d'*Anneau* brillants in-
commiscibles.

16. Nous venons, incidemment, de rapporter
à l'ordre moral interne ou *subjectif*, et par là
même de regarder comme un décalque de cet
ordre, le phénomène *objectif* du Centre et de
l'Anneau brillants en polarisation conique. Il
existe un autre phénomène aussi curieux et non
encore signalé, dont nous devons ici pareillement
rendre compte. Ce nouveau phénomène consiste
en ce que, quand on a placé sur un point très-
saillant, comme dans l'expérience de Monge, un
spath d'Islande suffisamment épais, et que d'un
seul œil on regarde bien verticalement le même
point alors aperçu double, si l'image extraordi-

naire est *en avant*, l'image ordinaire, attentivement considérée de préférence, apparait considérablement *plus haute;* si l'on dispose au contraire *transversalement* les deux images sur une même ligne, les deux images apparaissent avoir *même hauteur;* et si l'on amène enfin l'image extraordinaire *derrière* l'ordinaire qui se pousse alors comme d'elle-même en avant, l'extraordinaire se relève ou paraît *plus haute* à son tour. Ce phénomène s'explique aussi facilement que le précédent dans notre théorie. Pour cela, nous continuerons à chercher dans le moral la raison du physique ; mais, au lieu que naguère, quand il s'est agi d'expliquer le fait du Centre et de l'Anneau brillants, nous en avons cherché la solution dans un fait simplement imité d'antagonisme subjectif, actuellement qu'il s'agit d'expliquer le fait d'inégale hauteur par simple changement d'ordre ou de lieu, nous en chercherons la solution dans un fait réel de prédisposition subjective chez l'observateur du phénomène. Si la même image apparaît alors tour à tour *plus basse* ou *plus haute*, suivant qu'on la place *avant* ou *après*, cela dépend, à notre avis, de ce que l'observateur est prédisposé lui-même à voir toujours, par exemple, *plus basse* l'image qui est *en avant* par rapport à lui. Comment se fait-il donc que l'observateur voit toujours les choses ainsi ? C'est ce que nous allons examiner.

Avant d'entrer en matière à cet égard, rappelons-nous que toutes forces *masculine* et *féminine* sont — comme du second degré — binaires, ou bien impliquent deux composantes rectangulaires associées et servant ainsi comme de *coordonnées* à la vision. Mais on peut changer de coordonnées et transformer un système de coordonnées rectangulaires en un autre système de coordonnées de nouveau rectangulaires entre elles, mais obliques par rapport aux précédentes. Or, nous admettons qu'il se passe ici quelque chose d'analogue, et que, pratiquant d'avance ce que les mathématiciens croiraient avoir les premiers imaginé, la nature opère dans cette circonstance une mutation de coordonnées rectangulaires en obliques. Pour le prouver, nous invoquerons un principe suffisamment justifié par la maxime: *suivant la pente, le désir*; et que nous formulerons ainsi : L'*Esprit suit toujours le mobile qu'il trouve ou juge obéissant, et quitte le fixe qu'il trouve ou juge résistant*. Par hypothèse, on regarde ici bien verticalement l'image ordinaire placée d'abord en arrière, et la coordonnée *verticale* agit alors dans cette direction du rayon visuel. L'autre coordonnée, nécessairement *horizontale* comme rectangulaire, est en même temps en l'air, et manque d'objectif; elle agit pourtant dans sa propre direction, et l'image extraordinaire doit justement être perçue dans l'angle compris entre les deux coordonnées. Admettons qu'il le soit en effet. La perception de cette image apparaît comme un acte résultant; l'Esprit, posant cet acte absolument, s'y détermine comme simultanément détourné des deux composantes qui l'encadrent. Mais la coordonnée horizontale manque d'objectif et n'est retenue par rien; donc elle doit suivre par affinité le mouvement contractile de l'Esprit, dont rien ne maintient objectivement la bissection originaire.

D'ailleurs, tandis que cette même coordonnée tourne comme pour se rapprocher de la résultante et tend même à se confondre finalement avec elle, elle oblige naturellement, par *entraî-*

nement[1], sa coordonnée corrélative à se détacher de la verticale pour se rejeter en avant et en l'air, comme elle y était elle-même à l'origine; donc il s'opère ici réellement, sur la rétine ou à l'entrée de l'œil, une rotation de coordonnées équivalente au changement de coordonnées, de rectangulaires, en obliques ; et l'effet de ce mouvement de bascule est de rabaisser l'image extraordinaire, en relevant l'ordinaire. En supposant cette interprétation du phénomène actuel exacte, nous ferons observer qu'elle fournit du même coup l'explication de l'*inclination* en général, et même celle de la *circulation universelle*, phénomène tout spirituel en principe.

Ce nouveau phénomène d'inversion de hauteurs est, comme celui du Centre et de l'Anneau brillants, fécond en applications utiles. La simultanéité du Centre et de l'Anneau nous a conduit à la reconnaissance de tendances répulsives, antipathiques, entre les deux lumières dans les

---

[1] Sans doute, par *résistance* de la part de l'entraînée, le contraire serait aussi possible : mais si, par hypothèse, le fixe retenait ainsi le variable, on ne sortirait point de l'ordre éternel.

cristaux biaxes. De même, ici, de l'inversion de hauteurs nous devons déduire l'existence d'allées et de venues incessantes entre deux positions objectives quelconques, mais corrélatives. Ce que nous avons dit, en effet, de l'image extraordinaire but d'un mouvement (par exemple) *sinistrorsùm*, peut et doit se dire, par la même raison, d'une rotation inverse ou *dextrorsùm*. A toute confrontation de termes ou d'objects corrélatifs distincts en vertu d'antipathies initiales plus ou moins prononcées se rattache donc un mouvement incessant *oscillatoire* ou de *tic-tac* projetant, à droite ou à gauche et vers le bas ou le haut, l'Esprit, représentant et *sujet* des deux forces rivales *objectives* ; et plus le tic-tac est fort ou fréquent, plus l'embarras de l'Esprit est grand, et son agitation ou sa fermentation intrinsèque apparentes[1]. L'expression générale de

---

[1] Ce phénomène de *tic-tac* virtuel, que nous venons de saisir dans son principe, nous permet de compléter ici la preuve expérimentale de nos idées commencée dans la *Pragmatologie* (2e série, n° 8, pag. 58). Là, subordonnant en pensée tous les faits actuels de rotation à la préalable décomposition de la Force absolue physique en *cosinus* et

ce ballottement ou bouillonnement intrinsèque est le *sentiment*.

17. Le Sentiment, incessamment remanié par *sinus*, nous avons introduit en preuve le Radiomètre comme accusant incontestablement un relentissement continu, proportionnel à la double décomposition *masculine* et *féminine* de la Force physique en *électrique* et *résiduelle* d'abord, et (par détermination immédiate de cette dernière) en *lumineuse* et *calorifique* ensuite. Mais, dans ce double dédoublement consécutif étagé de la Force physique, nous avons seulement fait intervenir le Radiomètre en *preuve*; nous ne l'avons point encore envisagé comme *problème* ou fait analytiquement explicable à son tour ; et c'est ce que nous pouvons faire aujourd'hui, depuis la transformation du Radiomètre en Othéoscope.

Car, admettons actuellement en principe l'existence du *tic-tac* virtuel par coexistence et succession simultanées des deux actes d'*attraction* et de *répulsion* qu'il implique : ces deux actes se retrouvent évidemment (par *pénétration* dans le noir de fumée et par *réflexion* sur le métal), soit dans les faces juxtaposées *noire* et *blanche* des ailettes libres du Radiomètre, soit dans les deux mêmes faces *noire* et *blanche* de la plaque fixe de l'Othéoscope. Tandis que, alors, l'Agent physique afflue, soit sur les ailettes libres du Radiomètre, soit sur la plaque fixe de l'Othéoscope, il s'opère dans les deux cas une modification de vitesse analogue à celle qui s'effectue, par exemple, dans le choc de deux billes,

les deux termes de représentation objective l'agitant dans toutes les directions, subit et décèle par là même l'existence de couples d'Esprits

l'une en mouvement et l'autre en repos, dont l'effet est, tantôt de porter cette dernière en avant, et tantôt de reporter la première en arrière. Mais dans le Radiomètre, les ailettes sont libres : donc ce sont elles qui doivent immédiatement circuler autour de leur axe fixe. Dans l'Othéoscope au contraire, la plaque fixe offre une résistance insurmontable au mouvement en avant : donc la vitesse doit se reporter cette fois (par l'intermédiaire du rare fluide contenu dans le récipient) sur les ailettes libres. Il est par là même évident que si l'on élève considérablement la tension de l'Agent physique, on doit trouver la rotation *directe* des ailettes du Radiomètre bien plus rapide que l'*indirecte* des ailettes de l'Othéoscope, et c'est ce qui arrive : exposant les deux appareils au rayonnement solaire méridien, on voit la rotation du Radiomètre, inférieure jusqu'alors, prendre une supériorité très-marquée sur celle de l'Othéoscope.

De plus, si notre explication de l'Othéoscope vaut, on doit, en exposant la face *blanche* de la plaque fixe au vif rayonnement solaire, déterminer la rotation des ailettes dans le sens déjà nommé *direct*, et c'est ce qui arrive. Cependant, présente-t-on, alors même, aux rayons solaires un corps réflecteur qui les renvoie vers la face *noire* : celle-ci, rentrant en fonction, doit rétablir le mouvement *inverse*, après avoir détruit le *direct*, et c'est ce qui arrive encore. Notre explication se vérifie donc de toute manière, et peut être ainsi **regardée comme certaine.**

spéciaux, soit *subjectifs*, soit *objectifs*, ou même *moyens* (résultants), que nous devons présentement assigner pour énumérer tous les vrais *ferments* fondamentaux. — Les deux Esprits spéciaux *subjectifs* sont : l'*amour*, principe d'identification, et l'*aversion*, principe de division. — Les deux esprits spéciaux *objectifs* sont : le *dégagement* d'affection pour les choses extérieures, condition de toute superposition de centres, et la *dépendance* d'affection pour les mêmes choses, condition d'impénétrabilité respective. — Les deux esprits spéciaux *moyens* ou résultants sont : la *pureté* préludant par la disjonction à l'union, et la *sensualité* substituant à l'union la disjonction.

Suivant nous, toutes choses s'impliquent de fait, ou bien sont radicalement identiques. Entre le *subjectif* et l'*objectif* que nous venons de distinguer, il y a donc, en même temps que distinction, identité. Donc il y a des sentiments en apparence complexes et en réalité simples, qui sont à la fois *amour-aversion*, *dégagement-dépendance* et *pureté-sensualité*. Mais, ce qu'il importe alors de remarquer, c'est le sentiment qui préside et donne par là même le ton au groupe binaire dont il fait partie. Est-ce par exemple l'*amour* qui domine, et l'*aversion* n'entre-t-elle que comme accessoire dans le groupe : l'amour-aversion se nomme *Charité*. Dans le cas contraire, il serait l'*Égoïsme*. De la même manière et pour la même raison, le *dégagement* simplement accompagné de *dépendance* s'appelle *Espérance*; la *dépendance* accompagnée de *dégagement* fictif, synonyme de privation, s'appelle *Cupidité*. De même encore, la *pureté* présentant une teinte imaginaire de *sensualité* se nomme *innocence* ou *naïveté*; la *sensualité* chargée d'un raffinement de *pureté* constitue la *luxure*. On peut dire que le résumé de toutes ces vertus est la *Foi*, comme le résumé de tous ces vices est l'*Incrédulité*. Rien n'est donc plus vrai ni plus profond que la double déclaration de l'Apôtre par laquelle il nous montre, d'abord (Hébr. XI, 1), dans la *foi*, la *substance de toutes les choses désirables*, et puis (Rom. XI, 32), dans l'*incrédulité*, le *cadre de toutes choses bonnes ou mauvaises*.

18. Dans ce développement progressif et continu, nous nous trouvons, bien plus souvent que nous ne l'indiquons, en parfait accord d'idées avec la Révélation chrétienne. Car, sans en rejeter absolument le contrôle, nous prenons constamment notre seule raison naturelle pour guide; et lorsqu'il nous arrive alors de trouver comme à l'improviste que, au lieu d'emprunter sa lumière à la Doctrine révélée, notre théorie l'éclaire plutôt et projette sur ses déclarations une lumière inattendue qui les rend subitement, de mystérieuses, éminemment rationnelles, nous ne pouvons nous empêcher de sentir que nous sommes dans le vrai, comme le sentent les physiciens eux-mêmes quand ils voient leurs théories confirmées par l'expérience. Mais nous pouvons bien dire que jusqu'à présent nous n'avons eu pour pareil champ de confrontation que les étroites ou minces données de l'analyse philosophique s'exerçant sur des matières particulières ou spéciales; élargissons maintenant notre cercle d'observation, et, des menus détails de l'analyse, portons notre regard sur l'ensemble de l'Histoire et du Monde. Jugeant toujours à

notre point de vue de cet ensemble, nous devons retrouver l'Histoire *terrestre* dans le Monde *céleste*, et réciproquement ; car ces deux choses peuvent et doivent bien être à leur tour, — si nos idées sont vraies — comme objectif et subjectif, et par conséquent absolument et finalement identiques.

Par ce qui précède, nous savons déjà que ces deux ordres de faits sont comme le siége de deux sortes d'existences : les unes *angéliques*, les autres *humaines* ; et, spécialement, les premières intemporelles ou *rationnelles*, les secondes temporelles ou *sensibles* ; c'est-à-dire qu'elles sont entre elles comme *temps rationnel* et *temps sensible*, ou plus brièvement *espace* et *temps*. Prenons alors pour premier objet de considération les mieux connues d'entre elles ou les activités *humaines*, qui se déroulent dans le temps. On admet universellement, dans ce qu'on appelle la philosophie de l'histoire, un développement progressif de l'Esprit humain, tel que, quoique *absolument* le même en tout temps, il se présente cependant sous divers aspects *relatifs* d'âge en âge, et que, l'homme s'étant montré par exemple *particulariste* ou sensible dans le premier âge, *spécialiste* ou rationnel dans le second, il apparaît enfin *généralisateur* ou spirituel dans le troisième. Dans tous les âges, il a donc éprouvé constamment (à l'extension près) les mêmes sentiments absolus que de nos jours ; et par suite il a toujours vécu d'*amour* et d'*aversion*, ou de *détachement* et de *dépendance*, ou de *pureté* et de *sensualité* (§ 17) ; mais d'abord les sentiments d'*amour* et d'*aversion*, sous les formes résultantes de *charité* et d'*égoïsme*, ont prévalu sur les autres sentiments ou donné le ton à leur époque ; plus tard, les sentiments de *détachement* et de *dépendance* sous les formes d'*espérance* ou d'*ambition* ont pris le dessus ; et plus tard encore la *pureté* et la *sensualité* se sont arrogé le premier rang. Le développement de ces divers esprits *relatifs* a donc pris du temps, et même un temps considérable, par exemple, des siècles ou des milliers de siècles... Mais est-ce à dire que cette dispersion d'esprits dans le temps réel ne puisse se retrouver collectivement reproduite à la fois dans le temps rationnel où l'espace, et que l'ordre là régnant ne soit le même que celui se déroulant ici-bas, sauf la différence entre des intervalles *réels* et des intervalles *imaginaires*? Certainement non. Car, s'il est vrai de dire, par exemple, que les arbres grossissent par année d'une couche, bien que les couches, très-minces en général, ainsi généralement acquises, existent très-serrées les unes contre les autres et n'offrent aucune apparence de temps réel, elles ne laissent point d'impliquer de l'une à l'autre le même temps réel et très-long d'années entières successivement révolues ; et le temps *rationnel* offert par les mêmes couches est bien l'équivalent du temps *réel* correspondant écoulé dans les cieux (ou réciproquement). Entre les périodes *historiques* et les grandes couches *rationnellement post-posées aussi bien que superposées* du firmament, il y a maintenant le même rapport qu'entre les couches de bois et les années sidérales ; le changement dans l'immanence, d'un côté, correspond toujours exactement à l'immanence dans le changement, de l'autre ; et la seule différence entre les deux cas provient de ce que, dans la comparaison proposée, les couches ligneuses apparaissent minces et les années longues, quand, dans la confrontation des périodes historiques avec les grandes zones célestes, la grandeur revient en apparence aux zones célestes et la petitesse aux périodes historiques. Mais, en fait de relations analogues et foncièrement identiques, il importe évidemment fort peu de quel côté l'on place les signes positif et négatif ; et, dès-lors que les rapports restent les mêmes, le raisonnement doit être le même encore. Nous voyons dans un cas l'immanence correspondre exactement à la variation : donc, et par la même raison, la variation correspond à l'immanence dans l'autre.

Ne remarquant point que notre connaissance des cieux varie d'âge en âge, et les fait ainsi (suivant une certaine manière de parler) descendre ou s'abaisser de plus en plus, on peut ici vouloir nous objecter que, le temps *réel* n'existant point dans la série des grandes couches célestes, ces mêmes couches ne peuvent être en aucune manière conçues entrer distinctement en rapport avec les périodes historiques essentiellement successives. Cependant, ce rapport s'établit bien de lui-même par la seule confrontation bien entendue de l'*Immanent-variable* céleste avec le *variable-immanent* terrestre; c'est un immédiat et pur effet de corrélation psychologique. Si, par exemple, le premier âge s'est montré particulièrement individualisateur, c'est qu'il s'y trouvait naturellement prédestiné comme recevant, le premier, l'immédiate et plus précoce influence de la plus voisine grande zone céleste, dont les rapports avec l'Humanité naissante ressemblent absolument à ceux de la mère avec l'enfant qu'elle nourrit. Grandissant ou devenant adolescent, l'homme a dû recevoir ensuite une influence nouvelle, et par conséquent paraissant émaner d'une grande zone plus haute, et ainsi de suite. En tout cela, d'ailleurs, c'est toujours l'*Humanité qui tourne ou circule* (comme d'Occident en Orient), d'une part, en même temps qu'*elle se développe et grandit* (comme par déplacement de la ligne équinoxiale d'Orient en Occident), de l'autre, de la même manière que, en physique, ni le ciel ni le soleil ne tournent, mais seulement la terre frappée des rayons solaires et contractant sous leur influence un vif mouvement de rotation.

Le démêlement *progressif*[1] des influences célestes universelles accompagne donc *pas à pas* le mouvement humanitaire, et pour cela le ciel n'a pas besoin de changer de lieu, et d'*état*, quand l'homme en change ; il suffit qu'il change d'*action*, et ce changement d'action (toujours occulte d'ailleurs) peut et doit être évolutif comme l'effet produit, ainsi que corrélatif à ses phases. Le ciel devant l'homme est comme un harangueur quotidien disant seulement à toute heure ce que son

---

[1] *On pourrait croire que le démêlement des influences célestes, simultanées* en principe, *s'opère aussi simultanément* de fait, *mais il n'en est rien ; et plus ces influences viennent de bas ou de haut ou siègent en arrière des premières apparentes, plus elles mettent de temps* réellement imaginaire *à ressortir, d'où il résulte que le temps* imaginaire-réel *et le temps* réel-imaginaire *finissent par être absolument équivalents. Dans une bataille, tous les régiments d'une armée ne donnent pas à la fois, quoique présents ; et jusqu'à ce que leur moment d'*agir* arrive, tous les assistants au combat sans y prendre part, en sont ou restent conscients dans l'*admiration*, inconscients dans l'*extase* (§ 19)... Recevant les influences successives des trois cieux, l'humanité transformable et transformée parcourt : en sa 1re phase* individuelle, *le ciel* solaire ; *en sa 2e phase* sociale, *le ciel sidéral ; et en sa 3e phase* spirituelle, *le ciel* cristallin.

auditeur peut entendre. Quand un orateur harangue une multitude, tous ses auditeurs entendent les mêmes sons, mais tous ne reçoivent pas les mêmes idées, et les *vieux, v. g,*, discernent dans sa parole des sens bien éloignés de ceux qu'y saisissent les *jeunes.* Ainsi, les cieux parlent aux hommes en général un langage variant de siècle en siècle ; et, tandis que sous même forme ils varient d'action, l'homme toujours passif à leur égard ne varie point d'*action,* mais de forme ou d'*état,* et cela si bien que peut-être, à la fin, les cieux n'ayant plus rien à dire, l'homme prendra la parole à son tour pour rendre à son instructeur. ou tuteur actuel les services d'instruction ou d'éducation qu'il en aura reçus.

Les influences descendant des Cieux sur l'Humanité ressemblent aux gouttes de pluie qui tombent des différentes hauteurs de l'atmosphère sur le sol. Quand il pleut, l'eau de pluie ne se forme point sans doute dans une seule couche horizontale, mais dans une série de couches à la fois ; et, toutes les gouttes d'eau simultanément formées descendant aussi simultanément, on pourrait dire alors avec raison que toutes les couches pluviales s'abaissent ou s'inclinent comme de concert. Mais les gouttes arrivant les premières sur le sol sont bien aussi celles provenant des couches les plus basses; les gouttes arrivant ensuite sont celles provenant des régions moyennes, etc. Les vertus des Cieux en descendent donc à la fois, mais les dernières à toucher la terre sont celles émanant des plus profondes régions du firmament; et voilà pourquoi, les effets en dépassant tous ceux des régions inférieures, leur avénement sera naturellement le signal d'une rénovation universelle.

19. Dans l'Histoire, les vertus des Cieux se révèlent aux hommes, comme se révèlent aux mineurs, dans leurs travaux souterrains, les couches de plus en plus profondes de l'écorce terrestre. Ici, manifestement, les couches plus superficielles ou plus voisines du point de départ sont les premières apparentes, et les plus enfoncées, les dernières. De même, prenant dans les cieux la profondeur en sens inverse, on y doit voir, en galerie montante, toute la série d'Esprits apparus depuis le commencement du monde; et,

naturellement, ceux aujourd'hui fonctionnant sont d'un niveau bien supérieur à ceux du moyen âge ou des temps primitifs. Cependant, il ne faut jamais oublier au milieu de tout cela que, en valeur absolue, les Esprits de tous les âges s'égalent, à peu près comme s'égalent des quantités ne différant que par le signe, ou des forces ne différant que par la direction ou le sens ; et d'ailleurs, quelle qu'en soit l'espèce ou la région respective, la notion d'infini qui doit en principe planer sur tous les êtres, s'y peut rattacher également. Divisons, en effet, tout l'espace céleste en trois régions : l'une *centrale* spécialement sensible, l'autre *moyenne* spécialement intellectuelle, et la troisième *périphérique* spécialement spirituelle. De prime-abord, voyant cette dernière accuser notoirement une infinité dont les autres paraissent dépourvues, on pourrait vouloir assurément s'en tenir à cette première différence apparente, et réputer en principe le Sens et l'Intellect toujours finis en présence de l'Esprit, seul originairement infini. Mais ce premier aspect ou ce premier jugement serait celui de la Créature jugeant, sur les simples apparences, de la réalité des choses. En principe, le Sens et l'Intellect sont aussi infinis que l'Esprit ; ils le sont seulement autrement. L'infinité spéciale du Sens, que rien n'annonce, est une infinité de *surprise* ; l'infinité spéciale de l'Intellect, entrevue à peine dans la notion d'*indéfini*, familière à cette puissance, est une infinité d'*admiration* ; enfin, l'infinité de l'Esprit, dont aucune ombre ne retrace la grandeur à l'aide de barrières mobiles, et dans laquelle on s'enfonce ou se perd alors sans possibilité de retour sur soi-même, est une infinité d'*extase*. Jamais un être plongé dans l'état *extatique* n'en sortirait de lui-même, s'il n'était retiré de cet état exclusif par une puissance égale, mais différente et capable de le ramener à lui-même, soit *habituellement* par l'*admiration*, soit *accidentellement* par la *surprise*. Mais le Sens est incessamment excitable par les changement *inopinés* dont le temps semble être un inépuisable dépôt ; l'Intellect a d'ailleurs incessamment sous les yeux l'admirable tableau de l'espace céleste peuplé d'idéaux immortels ; et, pour lors, par le moyen de l'adjonction des deux infinités intellectuelle et sensible d'*admiration* et de *surprise* à celle d'*extase*, il se fait que l'infinie Réalité radicale, ne participant qu'avec mesure à cette dernière, trouve en quelque sorte, en tous lieux et tous temps sous la main, l'outillage ou l'organisation nécessaires pour pouvoir constamment travailler sans effort ou chômer sans relâche, parce que la puissance qui *fait* le travail ne le *sent* pas, et que celle qui le *sent* ne le *fait* pas, quand celle qui ne le fait ni ne le sent, met et maintient en *perpétuelle harmonie*, par voie de simple représentation imaginaire, le sentiment et l'exercice respectifs des deux autres.

20. Par ces dernières considérations générales, nous croyons clore ici convenablement nos preuves de l'identité du Subjectif et de l'Objectif. Elles ne sont guère, avons-nous dit dans l'Avant-propos, susceptibles de résumé. Nous pouvons cependant constater que nous avons diligemment fouillé pour cela dans tous les genres ou modes abordables de l'Être et du devenir, et que nommément, dans les §§ 6, 9, 15, 18, nous avons successivement trouvé subsidiairement rangées sous *chacune* des quatre formules 1^3, 1^2,

1', 1°, leur *somme* entière ou leur *produit*, en manière d'*acte*, de *tendance* ou de *puissance*, etc. Mais, si ces formules se retrouvent partout, comme dans les trois Règnes de la Nature, dans les manifestations des activités personnelles et jusque dans les rapports les plus universels des deux mondes céleste et terrestre, il est bien évident que, impliquant constamment et partout les mêmes données, le Subjectif et l'Objectif, différant bien par la forme mais ne différant jamais du fond, doivent être et sont absolument identiques. Du reste, ni l'opposition ni l'identité du subjectif et de l'objectif ne doivent être entendues, suivant nous, dans le sens des philosophes, soit français, soit allemands.

D'après les philosophes français, l'opposition entre le *subjectif* et l'*objectif* serait la même que celle entre l'*interne* et l'*externe*; mais cela ne peut être. Car, quoiqu'il existe une partielle superposition de ces deux ordres d'idées dans le *corps* humain à la fois semi-propre et semi-étranger à notre personnalité, l'on ne peut aucunement vouloir déduire de ce simple accord partiel l'entière ou définitive assimilation des deux concepts. Ainsi, les états *exclusivement* objectifs et généralement très-passagers du Sens externe ne peuvent en aucune façon se confondre avec les états *simultanément* objectifs et subjectifs du Sens interne, qui sont au précédent comme les deux Règnes de la Raison sociale ou de l'Esprit moral sont au Règne de la Nature physique.

D'après les philosophes allemands, l'identification du *subjectif* et de l'*objectif* aboutirait à ce qu'ils appellent l'indifférence des différents. Or, tandis que nous concédions naguère au moins une certaine valeur à l'opinion des philosophes français, nous devons, au contraire, proscrire absolument cette fois le sentiment des philosophes allemands, comme entraînant après soi l'entière annulation de toute activité réelle, et par conséquent nous ne croyons en aucune manière le subjectif et l'objectif identifiables comme aboutissant l'un par l'autre à l'indifférence, mais seulement comme se confondant toujours par *une* de leurs faces sur *trois ;* la face *absolue* jouant alors constamment un rôle principal par rapport aux deux autres abaissées aux deux rôles *relatifs* et secondaires de principe et de fin. C'est ainsi que l'on conçoit tous les êtres conscients positivement reliés entre eux (suivant les cas) par *identité* réelle ou d'*instinct*, ou de *raison*, ou de *goût*. Dans le sens des philosophes allemands, le subjectif et l'objectif, identifiés, seraient confondus comme le sont les deux électricités positive et négative repassées à l'état neutre ; dans notre sens, ils continuent, même identifiés, à rester distincts, et coexistent incessamment à la manière des facteurs réciproques $\frac{a}{1}$ et $\frac{1}{a}$, non moins irréductibles de fait qu'équivalents en valeur absolue. Pour nous, donc, c'est le relatif qui réclame et maintient la distinction ; et c'est l'absolu, non moins réel, qui réclame et maintient l'identité. La distinction et l'identité se combattent comme choses contraires non contradictoires, mais ne se supplantent point.

FIN.

TABLE DES MATIÈRES

Avant-Propos............................	§§
Introduction............................	1
Division du Sujet.......................	2
Du Subjectif et de l'Objectif *absolus*.........	3
Du Subjectif et de l'Objectif (*relatifs*), comme *termes*................................	6
— — comme *facteurs*	7
— — comme *racines*	12
Relations entre le *monde* et l'*histoire*.........	18
Vraie notion de l'*identité* du Subjectif et de l'Objectif...............................	20

Fin de la Table.

En Vente chez SEGUIN, Libraire,
rue Argenterie, 25, à Montpellier

OUVRAGES DU MÊME AUTEUR

Examen de la rationalité de la Doctrine Catholique. 1 vol. in-8°. 1849.

La clef de la Philosophie, ou la vérité sur l'Être et le Devenir. 1 vol. in-8°. 1851.

Traité des Facultés. 1 vol. in-8°. 1859.

De Categoriis. Dissertatio philosophica. 1 vol. in-8°. 1859.

Principes fondamentaux de Philosophie mathématique. 1 vol. in-8°. 1860.

De la pluralité des mondes. 1 vol. in-12. 1861.

Traité des Actes, Sommaire de Métaphysique. 1 vol. in-12. 1862.

ÉTUDES DE PHILOSOPHIE NATURELLE.

N° 1. **Système des trois règnes de la nature.** 1 vol. in-12. 1864.

N° 2. **Réponse directe à M. Renan, ou démonstration philosophique de l'incarnation.** 1 vol. in-12. 1864.

N° 3. **De l'expérience de Monge au double point de vue expérimental et rationnel.** 1 vol. in-12. 1869 (3ᵉ édition).

N° 4. **De l'ordre et du mode de décomposition de la lumière par les prismes.** 1 vol. in-12. 1870.

N° 5. **De l'ordre et du mode de décomposition de la lumière par les prismes ; Nouvelles preuves à l'appui.** 1 vol. in-12. 1872.